中国产业智库报告
中国社会科学院工业经济研究所

自然资源资产负债表编制探索

——在遵循国际惯例中体现中国特色的理论与实践

史 丹 胡文龙 等/著

经济管理出版社
ECONOMY & MANAGEMENT PUBLISHING HOUSE

图书在版编目（CIP）数据

自然资源资产负债表编制探索：在遵循国际惯例中体现中国特色的理论与实践/史丹，胡文龙等著.—北京：经济管理出版社，2015.12
ISBN 978-7-5096-4118-7

Ⅰ.①自… Ⅱ.①史… ②胡… Ⅲ.①自然资源—国有资产—资金平衡表—编制—研究—中国 Ⅳ.①F231.1

中国版本图书馆 CIP 数据核字（2015）第 299602 号

组稿编辑：王格格
责任编辑：张永美　王格格
责任印制：黄章平
责任校对：超　凡　王纪慧

出版发行：经济管理出版社
（北京市海淀区北蜂窝 8 号中雅大厦 A 座 11 层　100038）
网　　址：www.E-mp.com.cn
电　　话：（010）51915602
印　　刷：三河市延风印装有限公司
经　　销：新华书店
开　　本：787mm×1092mm/16
印　　张：17.75
字　　数：207 千字
版　　次：2015 年 12 月第 1 版　2015 年 12 月第 1 次印刷
书　　号：ISBN 978-7-5096-4118-7
定　　价：58.00 元

·版权所有　翻印必究·

凡购本社图书，如有印装错误，由本社读者服务部负责调换。
联系地址：北京阜外月坛北小街 2 号
电话：（010）68022974　　邮编：100836

顾 问

刘世锦 李 扬 蔡 昉 周叔莲 吕 政 金 碚

主 编

黄群慧

副主编

史 丹 黄速建 崔民选

编 委（按姓氏笔画为序）

王 钦 刘戒骄 刘 勇 吕 铁 朱 彤 余 菁
张世贤 张其仔 张金昌 李 刚 李晓华 李海舰
杨丹辉 杨世伟 陈 耀 周文斌 贺 俊 原 磊

编务主任

陈 力

课题主持人：

史　丹　中国社会科学院工业经济研究所书记、研究员

课题组成员：

杨丹辉　中国社会科学院工业经济研究所研究员
张金昌　中国社会科学院工业经济研究所研究员
白　玫　中国社会科学院工业经济研究所副研究员
李春瑜　中国社会科学院工业经济研究所副研究员
胡文龙　中国社会科学院工业经济研究所助理研究员
张航燕　中国社会科学院工业经济研究所助理研究员
张艳芳　中国社会科学院工业经济研究所助理研究员
王　蕾　中国社会科学院工业经济研究所助理研究员

总 序

2015年1月20日，中共中央和国务院下发了《关于加强中国特色新型智库建设的意见》，我国智库建设迎来了"春天"。当前，无论是中央还是地方，无论是高校还是科研机构，无论是官方和民间，都高度重视智库建设。借智库建设的"春风"，中国社会科学院工业经济研究所推出了《中国产业智库报告》丛书。收录于本丛书的主要是工业经济研究所研究人员撰写的、体现智库功能的、可以公开的研究报告。

中国社会科学院工业经济研究所成立于1978年，定位于以马克思主义为指导，基于产业经济、区域经济、企业管理三个学科领域的最高学术殿堂和中共中央、国务院的重要思想库、智囊团。作为国家级专业智库，中国社会科学院工业经济研究所在产业经济、区域经济和企业管理三大学科具有国内领先优势，在决策咨询上具有优良的传统，在发挥智库功能方面具有丰富的经验积累、成果基础和人才沉淀。长期以来，工业经济研究所在历任所长马洪、蒋一苇、周叔莲、张卓元、陈佳贵、吕政、金碚等著名学者的组织领导下，在全体研究人员共同努力下，圆满完成了中共中央、国务院交办的众多科研任务，提供了大量的、高质量的研究成果，连续多年获得中国社会科学院优秀对策信息组织奖。工业经济研究所研究人员不仅参与党和政府重要报告及文件的起草，还长期参与国家和众多地区的社会经济发展规划和政策的研究与论证，同时还为企业的改革与发展提供咨询建议，完成了大量的研究报告、政策建议、调研报告、情况专报、咨询方案，锲而不舍地为我国经济发展贡献自己的专业知识和创造性劳动，在社会上产生了很好的影响。

高水平的专业智库，需要做到理论顶天、实践立地的"顶天立地"。在长期的智库建设过程中，中国社会科学院工业经济研究所不仅与国家部委、地方政府、企业等建立了长期的合作关系，能够做到及时了解和洞察实践的最新动向和"一手"需求，同时已经形成了一系列的支撑专业智库的学术平台，推动理论与实践的有机结合。一是工业经济研究所代管三个国家级学会——中国工业经济学会、中国企业管理研究会、中国区域经济学会，这三个学会通过开展学术年会、教材编写、专题研讨等各种形式的学术活动，形成了全国性的学术网络，组织全国高校、地方社科、党校系统以及企业的代表共同参与到智库和学科建设中；二是工业经济研究所主办三本学术刊物——《中国工业经济》、《经济管理》和《中国经济学人》（英文），在学术界颇具影响，赢得了一系列荣誉；三是工业经济研究所主办了内部刊物《问题与对策》，专门刊登政策建议类的研究成果，向相关决策部门报送；四是工业经济研究所每年主办"中国工业发展论坛"等各类学术会议，为政府、学术机构和企业等提供高水平的面对面的学术交流平台。今天我们推出的《中国产业智库报告》丛书，是我们打造的又一个智库平台，旨在从工业经济研究所研究人员每年提供的大量研究报告中，选择出高水平的、可以公开的，研究问题具有普遍性、具有一定篇幅的研究报告，正式编辑出版，发挥国家级专业智库知识外溢效应，为我国经济发展做出贡献。

《中国产业智库报告》虽然名为"产业智库报告"，但研究主题不仅仅限于产业，而是将紧紧围绕我国全面建设小康社会和实现"两个一百年"奋斗目标过程中的产业经济、区域经济和企业管理中的重点、热点和难点问题，例如工业经济运行监测与风险评估、制造业转型升级与发展、产业与企业竞争力、反垄断与政府管制、工业资源与环境、能源管理与能源经济、产业空间布局、区域经济协调发展、国有企业改革与发展、中小企业研究、企业管理创新等，提供具有国际一流水准的战略和对策咨询研究报告，为推进国家治理体系和治理能力现代化、把我国建设成为工业化强国，培育、积累和贡献专业化的智力资源。

我们正处于一个伟大的时代，只有努力工作才能无愧于这个伟大的时代，《中国产业智库报告》正是我们作为国家级专业智库的一点努力尝试，诚恳希望读者给予批评指正，以利于我们不断完善和进步！

黄群慧
2015年6月

序

呈现在读者面前的《自然资源资产负债表编制探索》一书，是由中国社会科学院工业经济研究所史丹研究员领衔组织资源环境、能源经济、财务会计等领域专家集体创作而成的。

探索编制自然资源资产负债表，是中共中央、国务院推动生态文明建设和生态文明体制改革做出的一项重大决策部署。2013年11月，中共十八届三中全会通过的《中共中央关于全面深化改革若干重大问题的决定》首次提出探索编制自然资源资产负债表。2015年4月，《中共中央 国务院关于加快推进生态文明建设的意见》明确提出"探索编制自然资源资产负债表，对领导干部实行自然资源资产和环境责任离任审计"的要求。2015年9月，中共中央、国务院印发的《生态文明体制改革总体方案》对探索编制自然资源资产负债表提出了更加具体的要求，包括构建土地资源、森林资源、水资源等的资产和负债核算方法，建立实物量账户，定期评估自然资源资产变化状况。2015年9月，中央审议通过了国家统计局提出的《编制自然资源资产负债表试点方案》（以下简称《试点方案》）。2015

年11月，国务院办公厅正式印发了《试点方案》；国家统计局会同国家发展改革委等部门制定了《自然资源资产负债表试编制度（编制指南）》，召开了编制自然资源资产负债表试点工作暨培训会议。从政策层面来看，探索编制自然资源资产负债表已经完成了由"首倡"到"落地"、由"探索"到"试点"的过程。

中国社会科学院工业经济研究所按照中共中央、国务院的决策部署，结合自身学科优势，专门成立了跨多个专业领域的课题组，积极展开学术理论研究和实践经验总结，形成了目前这一探索编制自然资源资产负债表的重大学术成果。

本书的出版发行，十分必要且恰逢其时。作为我国社会主义生态文明建设和生态文明体制改革的一项基础性、创新性制度建设，探索编制自然资源资产负债表亟须理论上的决策支持，也需要来自实践的经验借鉴。从理论上看，什么是自然资源资产负债表，自然资源资产负债表有何用途，如何编制自然资源资产负债表，自然资源资产负债表与联合国综合环境经济核算体系（SEEA2012）之间有何关系等一系列问题，亟须进行充分研究、论证和详细阐述；从实践上看，当前各地探索编制自然资源资产负债表的进展如何，取得了哪些实际成效，面临哪些问题与挑战，也需要进行及时分析和归纳总结。《自然资源资产负债表编制探索》就是一本及时反映当前理论创新和实践改革的学术专著。它既为中共中央、国务院探索编制自然资源资产负债表这一重大决策部署提供了有力支撑，也为国家和各地区探索编制自然资源资产负债表实践提供了经验总结和理论指导。

探索编制自然资源资产负债表，是一项在遵循国际惯例中体现中国特色的制度创新活动。本书以经济社会与生态环境协调可持续发展为基础，在充分借鉴吸收联合国综合环境经济核算体系（SEEA2012）、联合国国民经济核算体系（SNA2008）、国家资产负债表等核心理论的基础上，立足我国自然资源基本国情，提出了编制自然资源资产负债表的理论框架和报表体系，并利用我国现有的自然资源核算数据，试编了我国国家级的自然资源资产负债表。本书既在理论上充分借鉴和吸收了国际标准和国际先进经验，又在实践中深入调查研究了各地方的试点情况，并以研讨会的形式收集整理了有关部门和专家的意见，是一部能够代表当前自然资源资产负债表理论探索和反映自然资源资产负债表实践经验的综合性学术文献著作。

当前，我国生态文明建设滞后于经济社会发展，资源约束趋紧，环境污染严重，生态系统退化，资源环境与经济社会发展之间的矛盾日益突出，已经成为制约经济社会可持续发展的重大瓶颈。在此背景下，探索编制自然资源资产负债表，就是要努力摸清土地、林木、水、矿产、能源等自然资源资产的"家底"及其变动情况，为完善资源消耗、环境损害、生态效益的生态文明绩效评价考核和责任追究制度提供信息基础，为推进生态文明建设和绿色低碳发展提供信息支撑、监测预警和决策支持。

本书的主要特点体现在以下几个方面：一是比较系统全面地阐述了自然资源资产负债表的科学内涵，从理论基础、框架体系、技术手段等诸多方面对自然资源资产负债表进行了理论研究和学术探讨，有利于深化读者对自然资源资产负债表的科学认识；二是对中共十八届三中全会以来各地探索编制自然资源资产负债表的实践进行了深入调研，对实践中发现的有益经验、现存的问题和潜在挑战进行了详细的总结归纳；三是以环境经济学和环境会计为理论基础和学科依据，提出了自然资源负债（环境负债）的概念体系，并初步尝试对其进行了量化测算；四是基于"自然资源资产、自然资源负债、自然资源净资产"这一理论框架体系，应用目前已有的自然资源统计核算数据，试编了2002年、2007年、2012年三个年度的国家自然资源资产负债表。

本书的出版发行，具有以下两方面的重大意义：第一，这是中共中央、国务院做出探索编制自然资源资产负债表这一重大决策部署以来，第一本从理论层面比较系统全面地研究该问题的学术专著，具有理论创新性；第二，各个地区在推动探索编制自然资源资产负债表的过程中，取得了一系列重大进展和积极成效，本书进行了适时总结和归纳提升，同时剖析了探索实践中遇到的问题，具有现实针对性。本书既是课题组前期探索编制自然资源资产负债表研究的成果汇总，也是指导和引领后续理论研究和进一步实践探索的重要参考。当然，本书对自然资源资产负债表的认识也有值得商榷的地方，有待进一步深入研究和探讨。

值得一提的是，课题组在国家统计局牵头负责落实探讨编制自然资源资产负债表的过程中做出了应有贡献，研究成果对国家统计局《试点方案》和《编制指南》的制定具有重要的参考借鉴意义。本书的完稿成书过程，是与《试点方案》和《编制指南》这一政策措施的出台过程紧密相连的。

目前，国家统计局会同国家发展改革委等部门根据《试点方案》和《编制指南》在北京市怀柔区、天津市蓟县等8个地区开展编制自然资源资产负债表试点工作。如何根据《试点方案》和《编制指南》采集、处理、审核相关基础数据；如何解决核算方法和数据质量控制等关键性技术问题；如何在试点过程中及时总结评估试点效果和存在的问题，形成可复制、可推广的改革经验；如何根据试点经验会同有关部门制定统一的自然资源资产负债表编制制度，是下一步继续探索编制高质量的自然资源资产负债表面临的主要任务与挑战。

生态文明建设是中国特色社会主义事业的重要内容，关系人民福祉，关乎民族未来，事关"两个一百年"奋斗目标和中华民族伟大复兴"中国梦"的实现。当前，我国已进入"大众创业、万众创新"的新时期，作为一项复杂且极具创新性的系统工程，探索编制自然资源资产负债表尚处于起步试点阶段，作为系统研究自然资源资产负债表的学术专著，本书的出版发行仅仅是开始。我热切希望本书能够引起理论界、学术界和实践界的关注，并以此为"垫脚石"和"起跑线"，继续在理论上和实践中创新突破，力争做出更多更优秀的研究成果，为我国早日编制出高质量的自然资源资产负债表，为生态文明建设和生态文明体制改革做出重要贡献。

许宪春

国家统计局

2015 年 11 月 18 日

前 言

自然资源环境是人类生存发展必需的物质基础，是人类社会生产资料和生活资料的重要源泉。一直以来，作为"取之不尽、用之不竭"的绿色财富，自然资源生态环境在我国经济社会发展过程中长期被过度利用甚至是掠夺性使用，致使生态不断恶化，环境受到破坏。当前，我国部分地区自然环境的承载能力已经达到极限：植被葱郁的山林因乱采滥伐而满目疮痍，清澈见底的河流因污染物排放而五颜六色，湛蓝清新的天空因各种废气排放而充满雾霾。生态环境恶化带来的损失，早已远远超过经济片面增长带来的好处。正确处理经济发展与生态文明建设的关系，协同推进经济体制机制改革和生态文明体制机制建设，扭转生态环境恶化趋势，已成当务之急。

探索编制自然资源资产负债表，就是新时期中共中央、国务院加强生态文明体制机制建设做出的一项重大决策部署。2013年11月，《中共中央关于全面深化改革若干重大问题的决定》首倡提出，探索编制自然资源资产负债表；2015年4月，《中共中央国务院关于加快推进生态文明建设的意见》中明确指出要"探索编制自然资源资产负债表,对领导干部实行自然资源资产和环境责任离任审计";2015年9月,中共中央、国务院印发《生态文明体制改革总体方案》,进一步提出"制定自然资源资产负债表编制指南"等具体要求;2015年11月,国务院办公厅正式印发了《编制自然资源资产负债表试点方案》(以下简称《试点方案》)。从政策层面来看,作为生态文明制度建设的一项改革任务,探索自然资源资产负债表目前已实现了由"首倡"到"落地"、由"探索"到"试点",探索编制自然资源资产负债表的政策体系已初具雏形。

与此同时,各级政府和企业等生态责任主体也积极响应党和政府的号召,在实践层面探索试点编制自然资源资产负债表。据公开新闻报道,至少有广东省、贵州省、江西省、青海省、内蒙古自治区5个省(自治区)及重庆、深圳等数个城市在2014年重点任务或折子工程中均提到了要"编制自然资源资产负债表"。2014年4月,贵州省统计局、省国土资源厅、省水利厅、省林业厅联合下发文件,确定赤水市和荔波县作为贵州省探索自然资源资产负债表的试点县。2014年底,《内蒙古自治区探索编制自然资源资产负债表总体方案》获内蒙古自治区经济体制和生态文明体制改革领导小组原则通过,内蒙古自治区统计局选取赤峰市、呼伦贝尔市作为试点地区,对森林、草原、湿地三种自然资源开展实物量核算探索;选取包头市和鄂尔多斯市作为试点地区,对矿产能源和土地资源开展实物量核算探索。2015年11月,国务院办公厅《试点方案》根据自然资源的代表性和有关工作基础,在内蒙古自治区呼伦贝尔市、浙江省湖州市、湖南省娄底市、贵州省赤水市、陕西省延安市开展编制自然资源资产负债表试点工作。

探索编制自然资源资产负债表在政策层面和实践层面的推进，亟须理论研究给予决策支持和实践指导。目前尽管在个别学术期刊上出现了一些与此专题相关的学术论文，但尚缺乏系统、全面、深入探索编制自然资源资产负债表的研究文章，尚没有较为成熟系统地研究自然资源资产负债表的学术专著。在此背景下，中国社会科学院工业经济研究所利用自身独有的学科优势，组织资源环境、能源经济和会计财务领域的专家学者，就自然资源资产负债表进行了系统的理论研究和全面的实践总结，本书就是中国社会科学院工业经济研究所课题组探索编制自然资源资产负债表的理论创新成果。

探索编制自然资源资产负债表，是中国借鉴国际标准经验解决中国实际问题的制度创新过程，它是一项在遵循国际惯例中体现中国特色的制度创新活动。从国际经验来看，联合国综合环境经济核算体系（SEEA2012）为环境和经济信息核算提供了综合性的解决方案。其中，《环境经济核算体系中心框架》已经成为首个环境经济核算体系的国际统计标准。国家资产负债表是借鉴企业资产负债表技术，将国家视为会计主体，对一个国家特定时点所有经济部门的资产和负债进行分类列示，并分别加总得到的表格。在SNA2008中，资产负债账户反映了经济体期初和期末的资产、负债及净资产存量，从而使SNA的3大类、共14个明细账户得以综合反映出一国完整的经济活动存量，显示一个国家在某一时点上的"家底"。可以看出，尽管目前没有成熟的方法制度编制自然资源资产负债表，但在不同的学科领域中，已经蕴含了编制自然资源资产负债表的理论基础和可能的技术路线，探索编制自然资源资产负债表有迹可循。

基于上述认识，本书针对我国探索编制自然资源资产负债表在理论、政策、实践层面的现状,以经济社会与生态环境可持续协调发展为基础,在充分吸收借鉴联合国综合环境经济核算体系(SEEA2012)、联合国国民经济核算体系(SNA2008)、国家资产负债表等核心理论的基础上,系统、全面、深入地研究了一系列重要的基础理论问题,及时总结了贵州省、内蒙古自治区等地探索编制自然资源资产负债表的实践情况,以此为基础提出了探索编制自然资源资产负债表的框架体系,并利用现有数据基础对2002年、2007年和2012年的国家自然资源资产负债表进行了试编。从内容来看,既有基础的理论研究,也有丰富的实践总结;既有学术研讨中的观点碰撞,也有针对具体专题的推演论证。

本书的逻辑基础与总体框架如下:

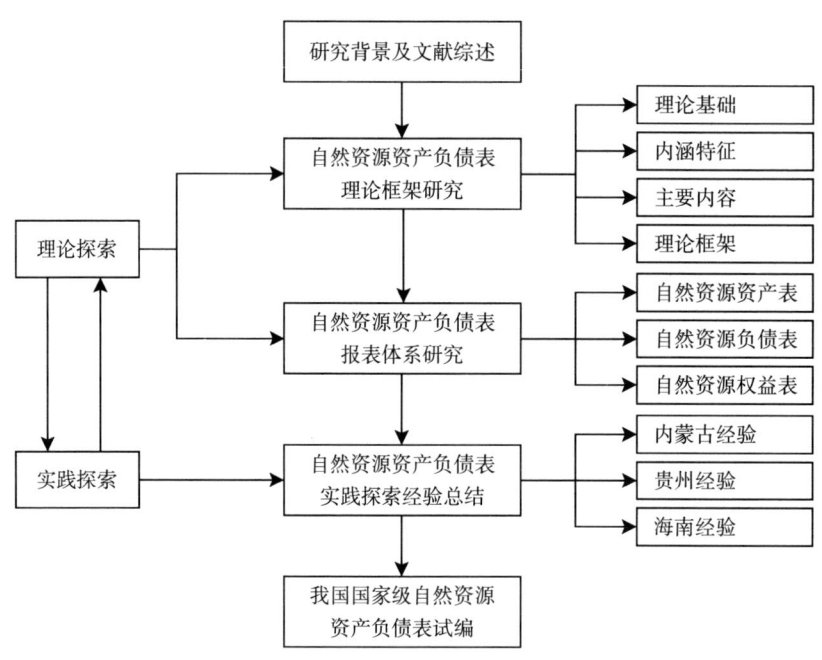

本书的逻辑基础与总体框架图

具体来看，本书主要包括以下内容：

第一章自然资源资产负债表基础理论探索。对自然资源资产负债表基本理论问题进行探索，并分析编制自然资源资产负债表的技术问题。

第二章我国自然资源资产负债表框架体系研究。阐述编制自然资源资产负债表的理论基础，构建自然资源资产负债表体系的基本框架，指出我国编制自然资源资产负债表的现实选择并提出推进自然资源资产负债表编制的政策建议。

第三章自然资源资产负债表的报表体系与分析方法探索。分析总结已有的研究和实践，进而提出编制自然资源资产负债表的总体思路，尝试构建报表体系框架并基于PSR模型指标体系进行报表分析。

第四章自然资源概念及其分类。重点阐述自然资源的概念，并对自然资源资产负债表中的自然资源进行科学划分。

第五章自然资源定价方法及其应用。从理论上梳理资源价值的概念，分析常用的自然资源定价模型，并从会计核算视角对自然资源定价展开研究，进而分析SEEA2012中的资产估价方法及其在中国的适用性。

第六章贵州省编制自然资源资产负债表的经验总结。梳理总结贵州省自然资源资产负债表编制进展，分析贵州省编制自然资源资产负债表需要解决的若干问题，并对贵州省探索编制自然资源资产负债表提供政策建议。

第七章内蒙古自治区探索编制自然资源资产负债表的实践探讨。重点介绍内蒙古自治区编制自然资源资产负债表的进展情况，介绍内蒙古自治区自然资源资产负债表体系及思考，并对内蒙古自治区与贵州省探索编制的自然资源资产负债表进行比较，对内蒙古自治区探索编制自然资源资产负债表提供政策建议。

第八章鄂托克前旗自然资源资产负债表编制试点案例。选取内蒙古自治区鄂尔多斯市鄂托克前旗作为试点案例，介绍鄂托克前旗经济发展与自然资源现状分析，调研鄂尔多斯市自然资源资产负债表试点工作开展情况，分析鄂托克前旗自然资源资产负债表的编制原则和依据，归纳总结鄂托克前旗自然资源资产负债表编制工作方案，形成鄂托克前旗自然资源资产负债表（试行），同时进一步指出了鄂托克前旗探索编制自然资源资产负债表试点面临的困难。

第九章IIE自然资源资产负债表（IIE-NRBS）试编结果。中国社会科学院工业经济研究所（IIE）课题组基于前面研究，对编制自然资源资产负债表的基本框架与体系进行了设计，较为细致地阐述了试编原则、数据来源与核算定价方法，根据自然资源分类对自然资源资产负债表进行了试编，并披露了试编结果。

第十章"自然资源资产负债表理论与实践"会议交流。由中国社会科学院工业经济研究所主办、中国企业管理研究会协办的"自然资源资产负债表理论与实践研讨会暨IIE-NRBS编制阶段性成果发布会"于2015年4月26日在北京召开。该章对该会议进行了综述，并就自然资源资产负债表编制经验交流情况进行了汇总归纳。

本书研究思路采用理论分析与实证检验相结合的"双线"模式，即一方面通过理论探索构建自然资源资产负债表的理论框架和报表体系，另一方面通过实践探索总结自然资源资产负债表试点地区的经验启示。通过理论和实践两方面的共同探索，构建出适应中国自然资源环境宏观管理的自然资源资产负债表体系。

本书的创新之处体现在：

在学术思想上，将资产负债表"追求均衡发展、强调权责对等"的管理理念应用在自然资源信息披露和综合管理领域。编制自然资源资产负债表，既大大拓展了资产负债表方法的应用范围，又极大地丰富了自然资源信息披露和管理手段与工具的创新。

在理论构建和报表体系设计上，不按照传统根据自然资源类型分类核算自然资源资产的既有研究模式，另辟蹊径，将土地、森林、草原、矿藏、湿地、水、能源、气候等自然资源纳入统一的资产负债表分析框架；同时，根据资产负债表的本质属性界定自然资源负债，并通过理论创新对自然资源负债种类进行划分。

在研究方法上，以国家资产负债表的编制方法技术为主，同时吸收借鉴联合国综合环境经济核算体系（SEEA2012）账户整合列报和投入产出表等技术方法，使国家资产负债表的方法技术能够与自然资源环境统计数据有效融合。

在研究成果上，总结归纳了各地探索自然资源资产负债表的有益经验和成功做法，初步试编完成了我国国家级自然资源资产负债表，较为全面准确地反映了我国自然资源的"家底"。

本书是中国社会科学院重大国情调研项目"生态文明建设绩效考核与自然资源资产负债表编制情况"、北京市社会科学基金重点项目"北京自然资源资产负债表编制及其管理研究"（项目编号：15JGA024）、国家社科基金一般项目"自然资源资产负债表编制研究"（批准号：15BGL043）和"中国对外贸易中的隐含资源环境要素流动问题研究"（批准号：14BJY067）的阶段性研究成果。

　　由于国内外对编制自然资源资产负债表还没有成熟的方法制度，且自然资源资产负债表涉及多部门、多学科，此研究与编制工作的复杂性不言而喻。作为研究编制自然资源资产负债表的探索之作，本书定然存在不当和错谬之处，恳切希望读者多提意见，鞭策课题组在后续研究中不断纠错除弊和丰富完善。我们也希望此书的出版能够"抛砖引玉"，引起理论界和实践界同仁的关注，激发大家群策群力，共同探索编制出高质量的自然资源资产负债表，完成这一生态文明基础制度建设的创新任务。

史　丹

中国社会科学院工业经济研究所

2015年11月18日

目 录

第一章 自然资源资产负债表基础理论探索 …………… 1
    一、自然资源资产负债表基本理论问题探析 ………… 1
    二、自然资源资产负债表与联合国综合环境经济核算
        体系的关系 ……………………………………………… 9

第二章 我国自然资源资产负债表框架体系研究 ………… 18
    一、编制自然资源资产负债表的理论基础 …………… 20
    二、自然资源资产负债表体系的基本框架 …………… 28
    三、我国编制自然资源资产负债表的现实选择 ……… 43
    四、推进自然资源资产负债表编制的政策建议 ……… 53

**第三章 自然资源资产负债表的报表体系与分析
          方法探索** ……………………………………………… 59
    一、问题的提出 …………………………………………… 59
    二、已有的研究和实践 …………………………………… 61
    三、报表体系设计理论分析 ……………………………… 62

四、编制自然资源资产负债表的报表体系设计 ……… 66
　　五、基于 PSR 模型指标体系的报表分析 …………… 74

第四章　自然资源概念及其分类 ……………………… 82
　　一、自然资源的概念 …………………………………… 82
　　二、自然资源的划分 …………………………………… 83

第五章　自然资源定价方法及其应用 ………………… 94
　　一、资源价值的概念 …………………………………… 94
　　二、自然资源定价模型 ………………………………… 96
　　三、会计核算视角的自然资源定价研究 …………… 112
　　四、SEEA 中资产估价方法及其在中国的适用性 …… 121
　　五、小结 ……………………………………………… 125

第六章　贵州省编制自然资源资产负债表的经验总结 …… 127
　　一、贵州省自然资源资产负债表编制进展 ………… 128
　　二、编制自然资源资产负债表工作中存在的
　　　　问题和困难 ……………………………………… 134
　　三、政策建议 ………………………………………… 140

第七章　内蒙古自治区探索编制自然资源资产负债表的
　　　　实践探讨 ………………………………………… 145
　　一、内蒙古自治区编制自然资源资产负债表的
　　　　进展情况 ………………………………………… 145
　　二、内蒙古自治区自然资源资产负债表体系
　　　　及思考 …………………………………………… 146

三、内蒙古自治区与贵州省探索编制自然资源资产
　　　　负债表的比较 ………………………………… 154
　　四、政策建议 …………………………………………… 155

第八章 鄂托克前旗自然资源资产负债表编制
　　　 试点案例 ……………………………………………… 160
　　一、鄂托克前旗经济发展与自然资源现状分析 ……… 161
　　二、鄂尔多斯市自然资源资产负债表试点工作
　　　　开展情况 ……………………………………… 163
　　三、鄂托克前旗自然资源资产负债表的编制原则
　　　　和依据 ………………………………………… 167
　　四、鄂托克前旗自然资源资产负债表编制工作
　　　　方案 …………………………………………… 168
　　五、鄂托克前旗自然资源资产负债表（试行）……… 174
　　六、鄂托克前旗探索编制自然资源资产负债表试点
　　　　面临的困难 …………………………………… 184

第九章 IIE自然资源资产负债表（IIE-NRBS）
　　　 试编结果 ……………………………………………… 186
　　一、基本框架与体系设计 ……………………………… 186
　　二、自然资源分类：基于IIE-NRBS研究试编 ……… 190
　　三、试编原则、数据来源与核算定价方法 …………… 199
　　四、试编结果 …………………………………………… 217
　　五、问题与建议 ………………………………………… 227

第十章 "自然资源资产负债表理论与实践"会议交流 …… 230

一、生态文明建设与编制自然资源资产负债表 …… 231

二、自然资源资产负债表编制经验交流 …… 233

三、自然资源资产负债表框架设计 …… 237

四、自由讨论与交流 …… 239

五、结语 …… 242

参考文献 …… 244

后　记 …… 250

第一章 自然资源资产负债表基础理论探索

一、自然资源资产负债表基本理论问题探析

中共十八届三中全会通过的《中共中央关于全面深化改革若干重大问题的决定》（以下简称《决定》）提出：探索编制自然资源资产负债表，对领导干部实行自然资源资产离任审计，建立生态环境损害责任终身追究制。2015年4月，《中共中央国务院关于加快推进生态文明建设的意见》中明确指出要"充分认识加快推进生态文明建设的极端重要性和紧迫性，牢固树立尊重自然、顺应自然、保护自然的理念，坚持绿水青山就是金山银山"，坚持把重点突破和整体推进作为工作方式，并强调"必须把制度建设作为推进生态文明建设的政治保障"，环境质量"只能更好，不能变坏"，"大幅增加环境类指标考核权重，健全绩效考核制度，完善责任追究制度"，"完善自然资源监管体制，统一行使所有国土空间用途管制职责"，"探索编制

自然资源资产负债表,对领导干部实行自然资源资产和环境责任离任审计",加快形成人与自然和谐发展的现代化建设新格局,开创社会主义生态文明新时代。2015年9月22日,中共中央、国务院印发《生态文明体制改革总体方案》,明确提出:完善生态文明绩效评价考核和责任追究制度,探索编制自然资源资产负债表;制定自然资源资产负债表编制指南,构建水资源、土地资源、森林资源等的资产和负债核算方法,建立实物量核算账户,明确分类标准和统计规范,定期评估自然资源资产变化状况。截至2015年6月15日,已有广东省、贵州省、江西省、青海省、内蒙古自治区5个省(自治区)及重庆市、深圳市等数个城市在政府工作报告中明确将"探索编制自然资源资产负债表"列为政府重点工作。但是,什么是自然资源资产负债表?自然资源资产负债表具有什么特征?谁来编制自然资源资产负债表?如何通过自然资源资产负债表反映环境、资源生态变化?自然资源资产负债表与目前流行的联合国综合环境经济核算体系(SEEA)有何关系?本报告试对上述问题谈谈看法。

(一)自然资源资产负债表的性质

1. 自然资源资产负债表的内涵界定

中共十八届三中全会《决定》明确提出"探索编制自然资源资产负债表",然而对于什么是自然资源资产负债表,《决定》中并没有予以明确回答。资产负债表作为一种会计学工具,目前广泛运用于记录社会各经济责任主体的财务状况。企业资产负债表是反映企业在一定时期内全部资产、负债和所有者权益的财务报表,是企业经营活动的静态体现。它根据"资产=负债+所有者权益"这一平衡公式,依照一定的分类标准和一定的次序,将某一特定日期的资产、负债、所有者权益的具体项目以适当的排列编制而成。国家资产负债表是指将一个国家所有经济部门的资产和负债进行分类，然后分别加总得到的报表，它类似于企业合并资产负债表，是把全社会所有经济责任主体的资产、负债和所有者权益汇总合并后的总报表。一张完整的国家资产负债表一般由政府、居民、企业和金融机构四个经济部门的子报表构成，显示了一个国家在某一时点上的"家底"。不难看出，资产负债表方法，就是以一国政府或企事业单位为会计主体，通过账户整合将分散的分类核算账户纳入统一的资产负债权益框架，以期初和期末的资产、负债及净资产存量等形式，综合反映出一国物质财富"家底"的编报方法与技术体系。采用资产负债表的方法对自然资源总体情况进行信息披露，就是利用会计学中的资产负债表工具，客观全面反映生态责任主体在某一时点的自然资源静态存量情况，显示某一时点上自然资源资产的"家底"和结构，反映一定时间内自然资产存量的变化。借鉴上述资产负债表的内涵，本报告认为，所谓自然资源资产负债表，就是利用会计学中的资产负债表工具，客观全面反映生态责任主体在某一时点的自然资源静态存量的报表体系。

本报告以DPSIR链理论模型、联合国综合环境经济核算体系（SEEA2012）、联合国国民经济核算体系（SNA2008）以及国家资产负债表为理论基础，构建了自然资源资产负债表的理论框架。在此基础上，本报告认为，自然资源资产负债表反映的是一国或地区在某一时点上对于自然资源环境的权利义务状态，可以看成是某一特定时点生态责任主体对所拥有的自然资源资产价值和所承担的生态环境负债所拍的一张"快照"。自然资源资产负债表是生态责任主体开发、利用、保护自然资源状况的一种信息披露方式。基于上述认识，本报告采用国家资产负债表的编制方法和技术手段，构建了以资产、负债和净资产为会计要素的自然资源资产负债表，以全面反映自然资源环境的"家底"。自然资源资产是指天然存在、有使用价值、产权明确、可提高人类当前和未来福利的自然环境因素的总和；自然资源负债从经济本质上看，是生态责任主体在某一时点上应该承担的自然资源"现时义务"，该"现时义务"是人类在利用自然资源过程中所承担的能以货币计量、需以资产或劳务偿付的环境责任；自然资源净资产是一国或地区所拥有的全部自然财富总和，它在数量上应该等于自然资源资产减去自然资源负债，即全部自然资源资产减去全部自然资源负债后的净值。

值得注意的是，"自然资源资产负债表"这一提法，与企业资产负债表、事业单位（非营利组织）资产负债表、国家资产负债表的常规提法并不一致。一般而言，企业资产负债表、事业单位（非营利组织）资产负债表、国家资产负债表反映的是企业、事业单位（非营利组织）、国家等经济责任主体的财务状况，侧重强调的是资产负债表的经济责任（权利）主体。而自然资源资产负债表，侧重于强调资产负债表工具核算反映的对象是"自然资源"这一客体。导致这种提法出现的主要原因在于自然资源的特殊属性。在相当长的历史时间内，自然资源长期被当作大自然的恩赐之物，既不具有商品属性，也不具有产品属性；既不具有稀缺性，也不具有排他性；自然资源长期被视为公共资源而非生产性资产供人类无偿利用，长期被排除在经济核算之外。事实上，自然资源资产负债表核算反映的会计主体仍然是企业、事业单位（非营利组织）、国家等生态责任主体，与强调"合并资产负债表"来源于报表"合并方法"这一提法类似,"自然资源资产负债表"的提出,则是为了强调该资产负债表反映的客体是自然资源。

2. 自然资源资产负债表的编制目的

长期以来,随着中国工业化、城市化的不断推进,经济发展与资源环境保护的矛盾日益突出。过去人们习惯于将自然资源看作是大自然的恩赐之物,自然资源作为"取之不尽、用之不竭"的绿色财富,长期以来被视为公共资源而非生产性资产供人类无偿利用和过度使用,致使在我国出现了比较严重的生态环境失衡。在许多地区,自然环境的承载能力已经达到了极限,"五彩河"、"秃顶山"、"雾霾天"已经频繁出现。生态环境恶化所带来的损失在部分地区可能早已超过了经济增长带来的好处。同时由于自然资源被排除在经济核算之外,自然资源既不被看作是商品或者产品,也不被认为具有稀缺性和排他性,由此才形成了比较严重的资源浪费和生态环境恶化。编制自然资源资产负债表,就是要客观反映某个地区某个时点自然资源的存量及其变化,对自然资源和生态环境的变化进行计量和考核,以确定资源环境保护主体的任期责任。

根据《决定》的要求,编制自然资源资产负债表的目的,一是对领导干部实行自然资源资产的离任审计,二是建立生态环境损害责任终身追究制度。从这两个目的可以看出,自然资源资产负债表一方面要能够核算领导干部任职期间的自然资源资产的状况,另一方面也要能够核算领导干部任职期间对生态环境的损害状况。这就要求自然资源资产负债表既要能够揭示某个地区自然资源资产和负债的状况,又要能够反映自然资源开发、使用和生态环境损害、保护的状况。探索编制自然资源资产负债表,就是通过核算的办法,如实反映社会经济发展过程中自然资源的总体存量及其变化利用情况，对自然资源的使用和破坏情况、对生态环境的损害情况进行系统全面的披露，并在此基础上进行生态责任审计，从而明晰相关领导的生态环境责任。这是中共中央关于生态文明建设的一次重大战略决定和制度创新，是对未来资源环境保护、未来经济发展产生深远影响的基础性制度安排。因此，对自然资源资产进行经济管理，定期评估核算自然资源资产的变动情况，综合反映生态环境和自然资源资产的可持续利用状况，进而对环境保护乃至整体生态文明建设工作形成有效的倒逼机制，就是编制自然资源资产负债表期望达到的最终目的。具体来看，通过编制自然资源资产负债表，可以充分发挥统计指标在生态文明建设中的作用：

（1）准确反映地区经济社会发展成果和不足。

统计部门通过编制的自然资源资产负债表和开展的其他统计监测，可以构建合理的统计指标体系，描述与经济活动对应的各类资源消耗量，各类污染物的生产量、排放量、治理量以及对生态环境的破坏量，反映经济社会等方面的发展成果，确认地区经济活动对环境的依赖程度，反映地区经济可持续发展的潜力，为资源保护、环境治理、生态文明建设提供基础考量。

（2）为考核领导干部政绩提供参考和依据。

《决定》中提出，探索编制自然资源资产负债表，对领导干部实行自然资源资产离任审计，建立生态环境损害责任终身追究制。从这个意义上来说，编制自然资源资产负债表是对领导干部实行自然资源资产离任审计的前提和依据。例如，有些地方领导为了凸显个人政绩，实行"以牺牲环境为代价"的不可持续的发展战略，造成了地区经济社会发展资源消耗过大、环境损害严重等问题。编制自然资源资产负债表可以全面准确地衡量地区的自然资源量和质的变化，为考核地方主要领导的政绩提供有力依据，能够在一定程度上监督地方主要领导的施政行为，促使其更多地考虑地方经济社会的可持续发展。

（二）自然资源资产负债表的编制主体

国内外目前均没有成熟的自然资源资产负债表编制体系和案例，这一方面说明该项工作具有重大的理论创新和实践探索意义，另一方面也说明编制自然资源资产负债表还存在大量的难点和问题有待克服。探索编制自然资源资产负债表，首先涉及的问题就是由谁来编制的问题。笔者认为，资产负债表的编制主体应该是自然资源保护和使用的责任（权利）主体。在联合国综合环境经济核算体系（SEEA）中，与环境及资源有关的核算主体主要指人类，其中既包括在环境中生活着的居住者、享受环境服务的利用者，也包括消耗外部资源用于生产生活的全体使用者。一国经济主体在参与经济活动的过程中，时时刻刻与环境及资源发生着密切的关系。因此，从理论上看，自然资源资产负债表的编制主体应该与联合国综合环境经济核算体系所界定的核算主体大体相同，主要是我国地理范围内的环境及资源服务的使用者、受益者及受影响者。从实践上看，由于我国自然资源具有公共产权属性，且大部分自然资源属于各级政府，因此自然资源资产负债表的主要编制主体应该是各级政府。设立专门机构承担明确责任的自然保护区、生态保护区、生态林区、水源涵养区等主体功能区或者国家公园，也是自然资源资产负债表的编制主体。

值得注意的是，当前我国自然资源的管理体制较为分散。

例如，从自然中取水，这是资源问题；排放废水，这是污染问题；过度取水和过度排放，会引起水体生态系统问题。目前，同一种资源在不同的使用环节或状态由多个部门进行统计和管理，这些部门有环保部门、水利部门、地矿部门、林业部门、海洋管理部门、农业部门等。因此，在自然资源责任主体分散于政府各组成部门的情况下，各级政府应该是自然资源资产负债表的编制责任主体，但从具体操作上来看，应该由一个部门来牵头。

由于自然资源涉及的部门非常广泛，环境保护部门可能难以胜任牵头部门的职责，考虑到与国民经济核算口径和主管单位的一致性，由统计系统牵头负责自然资源资产负债表的统计、核算、编制工作，可能更加合理一些。目前，编制自然资源资产负债表的任务，在国家层面是以统计局为牵头单位，财政部、环保部、水利部、国土部、林业局等自然资源资产核算的部门和单位参与。但统计部门的统计数据，常常会受到各级政府的行政干预，并且自然资源资产负债表的编制涉及专业问题和技术评价问题，因此也可以将自然资源资产负债表的编制工作由环境保护和统计部门委托给大专院校或科研机构承担。让这些机构独立编制自然资源资产负债表的好处是可以保证编制质量，且不易受责任主体的过多影响，能够在一定程度上保证所编制数据的客观性和公正性。

与此同时，由于自然资源本身的复杂性和不可全面计量性，导致自然资源资产负债表很难像企业资产负债表那样形成一个严格的会计平衡关系，即形成"资产=负债+权益"的数量关系。自然资源资产负债表的编制、列报内容和范围，可从生态文明建设绩效考核的实际需要出发，评价自然资源、生态环境的主要指标均可纳入其中，既可进行数量统计也可进行质量和价值量统计，既要提供静态时点数据，又要提供动态变化数据。总的来说，自然资源资产负债表的编制，是一件复杂繁重的工作，建议根据领导干部离任审计和责任追究的需要，根据实际情况来制定编报自然资源资产负债表的可行方案。

二、自然资源资产负债表与联合国综合环境经济核算体系的关系

从国际经验来看，目前比较成熟和应用较为广泛的是联合国 2012 年修订颁布的环境经济核算体系（SEEA2012），这与《决定》提出的"探索编制自然资源资产负债表，对领导干部实行自然资源资产离任审计"既有不谋而合、异曲同工之妙，也有独具特色之处。目前不管是国内还是国外，探索编制自然资源资产负债表都没有成熟的思路和方法。鉴于此，本报告就自然资源资产负债表与联合国综合环境经济核算体系的关系提出以下几点粗浅认识。

（一）联合国综合环境经济核算体系（SEEA2012）的内涵

联合国综合环境经济核算体系（SEEA2012）目前主要包括《环境经济核算体系中心框架》、《环境经济核算体系试验性生态系统核算》和《环境经济核算体系应用和扩展》三项成果。其中，《环境经济核算体系中心框架》是首个环境经济核算体系的国际统计标准，《环境经济核算体系试验性生态系统核算》和《环境经济核算体系应用和扩展》两项成果由于缺乏达成一致性意见的可能性，因此不是国际统计标准。一般来说，目前联

合国综合环境经济核算体系（SEEA2012）在狭义上主要是指《环境经济核算体系中心框架》。

《环境经济核算体系中心框架》是一个多用途概念框架，用于考察经济与环境之间的相互作用，描述环境资产存量和流量变化。它以《1993年国民核算手册：综合环境和经济核算体系》（《1993年环境经济核算体系》）和《2003年国民核算手册：综合环境和经济核算体系》（《2003年环境经济核算体系》）为基础，并将环境统计及其与经济的关系置于官方统计的核心。

环境经济核算体系中心框架利用一系列广泛信息，借助它的结构，能够对源数据进行比较，并且能够得出各种环境和经济问题的合计数、指标和趋势。特定范例包括评估自然资源利用和供应趋势、经济活动向环境排放的可接受程度，以及为优化和维护环境而实施的经济活动数量。

环境经济核算体系中心框架的核心，是一种编排环境和经济信息的系统办法，这种办法尽可能全面地涵盖了与环境和经济相关的存量和流量。在应用这一办法时，环境经济核算体系中心框架利用的是国民账户体系的核算概念、结构、规则和原则。在实际当中，环境经济核算体系中心框架包括编制实物供应利用表、功能账户（如环境保护支出账户）和自然资源资产账户。作为一项核算制度，环境经济核算体系中心框架以商定概念、定义、分类和核算规则为基础，以一种概念一致的综合方式，将信息编入表格和账户中。这种信息可用于创建一致的指标，为决策提供依据，并生成可用于一系列广泛目的的账目和合计数。

对经济和环境信息进行整合，需要采用一种跨学科方法。环境经济核算体系中心框架将水资源、矿物、能源、木材、鱼类、土壤、土地和生态系统、污染和废物、生产、消费和积累信息放在单一计量体系中，并为每个领域指定一种具体而详细的计量办法。这些办法全部被列入"环境经济核算体系中心框架"中，以提供一种全面观点。

（二）《环境经济核算体系中心框架》的基本框架和主要内容

从结构来看，《环境经济核算体系中心框架》共包括六章：第一章引言；第二章核算结构；第三章实物流量账户；第四章环境活动账户和相关流量；第五章资产账户；第六章账户的整合与列报。

第一章是引言，重点介绍了环境经济核算体系中心框架的基本概念、各章概览以及主要特点。此部分回顾了环境经济核算体系的历史背景、介绍了与环境经济核算体系中心框架有关的出版物，及其与《国民账户体系》的关系。该章指出，环境经济核算体系中心框架的最重要特征，是它能够把有共同范围、定义和分类的实物和货币数据编排起来合并列报，且具有实施中的灵活性。

第二章是"核算结构"，概述了"环境经济核算体系中心框架"的核算结构及其记账规则和原则，深入阐释了环境经济核算体系中心框架的关键组成部分及采用的核算办法。该章重点阐明环境经济核算体系中心框架包含的账户和表格类型，存量和流量的基本核算原则，经济单位的定义，以及记账和估价原则。该章共有7小节，其中：第3小节阐述了包含供应利用表、资产账户、经济账户序列和功能账户的核算结构；第4小节介绍了一个关键结果：实物和货币数据的合并列报；第5小节介绍了存量和流量的实物和货币计量方式；第6小节描述了机构部门、企业、基层单位、行业等相关经济单位；第7小节阐述了构成记账和编制基础的一系列具体的记账估价核算规则和原则。该章以国民账户体系的核算办法为基础，强调了环境经济核算体系中心框架的综合性，将所有不同的组成部分都放在了一个通用的核算结构中。

第三章是"实物流量账户"，提供了一套实物流量核算框架，明确了实物流量核算原则和范围，在此范围内可以连贯一致地记录与经济活动有关的所有类型实物流量。该章共有 6 小节，除第 1 小节引言外，第 2 小节重点介绍了实物流量核算框架，即实物供应利用表办法，并对自然投入、产出和残余三种关键实物流量进行了定义和分类；第 3 小节重点介绍了实物流量的核算原则，包括实物流量毛额和净额记录、国际流量的处理方式和待加工商品的处理方式等。该章后半部分详细阐述能源（第 4 小节）、水资源（第 5 小节）和各种物质流量的实物供应利用表结构，包括废气排放表、污水排放表和固体废物表（第 6 小节）。该章详细阐释了实物流量的记账方式，不同的实物流量均被放在实物供应利用表这一宽泛的框架结构中；以此为出发点，还可以遵循基本核算原则对实物流量的计量进行扩张和缩减，以便集中计量一系列不同物质或特定流量。

第四章是"环境活动账户和相关流量"，侧重于确认国民账户体系内可被视为与环境有关的经济交易。该章认为，环境活动就是那些以减轻或消除对环境的压力或者更有效地利用自然资源为主要目的的经济活动，环境活动具体可分为资源管理活动和环境保护活动。该章共包括 4 小节，其中：除第 1 小节引言外，第 2 小节重点对环境活动的范围和定义、环境活动分类、环境货物和服务、环境产品生产者等进行了严格界定；第 3 小节对环境保护支出账户、资源管理支出账户、环境货物和服务部门、环境保护支出账户与环境货物和服务部门之间的关系等环境活动账户及其统计部门信息进行了阐述；第4小节则对政府支付的环境付款、向政府支付的环境付款、非政府机构单位的环境转移、环境资产的使用许可等其他环境关联交易核算进行了阐述。

第五章是"资产账户"，侧重于与环境资产有关的存量和流量记录。环境经济核算体系中心框架阐述的环境资产，包含矿物和能源、土地、土壤资源、木材资源、水生资源、其他生物资源以及水资源七类。该章共包括11小节，其中：第1小节至第4小节讨论了一般资产核算，包括环境资产的范围和估价方法、环境资产账户结构以及资产核算的一般原则，侧重于自然资源耗减计量和环境资产估价；第5小节至第11小节具体介绍了每项环境资产（矿产和能源资源账户、土地资产账户、土壤资源核算账户、木材资源资产账户、水生资源资产账户、其他生物资源核算账户、水资源资产账户）存量和流量的计量，划定了每一类资产的计量范围，这些资产账户包含实物量与价值量两大类核算表格。该章的四个附件详细解释了环境资产估价的净现值办法，并讨论了贴现率，贴现率是净现值公式的一个重要组成部分。

第六章是"账户的整合与列报"，强调环境经济核算体系中心框架的综合性质，并将第三章至第五章的详细计量准则与为用户列报信息联系起来，重点说明了在中心框架内编排和整合信息的可能性，且明确指出整合方式可能有若干种。该章的另一个重点是解释实物和货币数据的合并列报方式，包括描述一系列此种列报方式的范例，还介绍了可利用基于环境经济核算体系中心框架的数据集编制的不同类型指标。该章共包括5

个小节，除第 1 小节引言外，第 2 小节对中心框架中的四个关键整合领域做出了说明，它们是实物和货币供应利用表、资产账户、经济账户序列，以及功能账户；另外，还讨论了环境经济核算体系数据与就业、人口统计和社会数据之间可能存在的联系。第 3 小节介绍了合并实物和货币数据以形成合并实物和货币列报或账户的一般概念，并对环境和经济信息的基本编排和列报方式提供了指导。第 4 小节就如何从源数据信息中推算一系列说明性统计数据和环境经济指标提供了指导。第 5 小节列出了一个合并列报实物和货币数据的一般框架，包括四个合并列报实例，即能源、水、森林产品和空中排放。该章认为，由于中心框架中的账户采取了全面支持分析用途的结构，因此可以基于分析目的在中心框架内寻求源数据，重新整合一套有限的信息用于实际应用。

（三）自然资源资产负债表与联合国综合环境经济核算体系的联系与区别

编制自然资源资产负债表绕不开的问题是如何处理与联合国综合环境经济核算体系（SEEA）的关系。本报告认为，自然资源资产负债表，可以视为坚持 SEEA2012 中心框架"账户的整合与列报"中的一系列原则和基本理念，结合中国经济社会环境发展实际情况，编制出的反映我国自然资源"家底"的综合性报表体系。它既以联合国综合环境经济核算体系（SEEA2012）为理论基础和信息来源，又在整合账户和信息列报方面发展和创新了 SEEA2012。编制自然资源资产负债表，是符合国际经济资源环境核算基本原则的一项创新性举措，是中国生态文明建设中独具中国特色的制度创新。

联合国综合环境经济核算体系，又称绿色国民经济核算体系、综合环境经济核算体系（联合国有关文献使用的概念是 System of Integrated Environmental and Economic Accounting，SEEA），是关于资源环境经济核算的一套理论方法。所谓资源环境经济核算，是指在原有国民经济核算体系基础上，将资源环境因素纳入其中，核算描述资源环境与经济之间的关系，为分析、决策和评价资源环境与经济的关系提供数据依据。中国环境经济核算体系（CSEEA）也已基本建立，曾经在一些地区进行了编报试点，它是以联合国国民经济核算体系（SNA）为基本理论和方法编制的。国民经济核算体系是由联合国、欧洲理事会、国际货币基金组织、经济合作与发展组织、世界银行五大机构共同发布的，目前通行的 2008 版采用账户表、矩阵表、平衡表等工具对国民经济运行过程进行反映。中国环境经济核算体系也是在国民经济核算体系的基础上建立起来的，目前已经形成了 SNA2008（联合国国民经济核算体系，2008）、SEEA2003（联合国综合环境经济核算体系 2003）以及由我国环保部门和统计部门联合编写的《中国环境经济核算技术指南》三个框架性、编制方法性文件。

联合国综合环境经济核算体系（SEEA）应该作为编制自然资源资产负债表的重要理论基础和数据来源。从方法上看，自然资源资产负债核算与联合国综合环境经济核算体系（SEEA）中实物及复合账户体系、环境与资源相关经济活动的核算、主要资源核算以及环境耗减、退化等方面的数据应该相互衔接、相互补充和验证。从内容上看，联合国综合环境经济核算体系（SEEA）中自然资源环境核算的内容多，既有存量数据，又有流量数据，这与自然资源资产负债表的考核要求应该是一致的。从作用上看，联合国综合环境经济核算体系揭示的是环境、资源增减变动后宏观经济总量指标的变化，反映的是考虑了资源环境影响的经济增长，而自然资源资产负债揭示的是一个国家或地区自然资源在某一个时点的状况，反映的是考虑了自然资源资产负债关系之后的生态建设水平。因此，自然资源资产负债表的编制和联合国综合环境经济核算体系之间是一种互相补充的关系，但二者也具有明显的差异，不能相互替代。

自然资源资产负债表与联合国综合环境经济核算体系的区别，主要体现在两者的基本用途不同。自然资源资产负债表偏重于借鉴资产负债表的形式对自然资源权益主体开发、利用、保护自然资源过程中的权责利关系进行核算，联合国综合环境经济核算体系（SEEA）偏重于按照物理流量等指标进行数据统计。尽管自然资源资产负债表与联合国综合环境经济核算体系（SEEA）两者都强调对自然资源、生态环境的记录计量核算，但由于目的不同、关注重点不同，两者在数据利用上存在较大差别：自然资源资产负债表强调对自然资源资产、负债的记录、计量，力求客观反映自然资源资产、负债的存量，强调自然资源相关资产、负债的数量对应关系，侧重揭示生态资产、生态负债的内部经济关系，并以此评价生态责任主体的生态责任和绩效，偏重于按照生态责任主体的责权利状态进行关系核算；联合国综合环境经济核算体系（SEEA）侧重于对自然资源的种类、数量、质量进行客观反映，以揭示森林、河流、湖泊等自然资源和空气质量、噪声污染等自然生态环境的现状，广泛涵盖社会、经济、生态、质量、种类等多领域指标，偏重于按照物理数量指标进行数据统计。

自然资源资产负债表系统性强，但核算范围较窄；联合国综合环境经济核算体系（SEEA）逻辑性弱，但核算范围广。自然资源资产负债表揭示的是生态责任主体在某一时点的自然资源静态存量状态，既能全面反映自然资源资产、负债和权益的存量状况，又能反映各项自然资源在不同时点上的动态变化，具有系统性强、逻辑严密的特点，不足之处是对一些数量关系联系不是很紧密的数据、难以通过会计等式衡量记录的数据，无法进行多指标综合核算，因此核算范围较窄；而联合国综合环境经济核算体系（SEEA）中既有静态性的存量指标，又有自然资源变量变化的动态指标，既有经济方面的价值指标，又有环境、技术领域的专业指标，核算的理论性框架逻辑性不足，但核算范围相对较广。

值得注意的是，我国的联合国国民经济核算体系（SNA）由基本核算表、国民经济账户和附属表三部分构成。其中附属表包括自然资源实物量核算表和人口资源与人力资本实物量核算表。编制自然资源资产负债表既有其相对独立的一面，同时还需要和政府资产负债表以及现有国民经济核算中有关自然资源实物量核算表联系起来，注意其内在联系，避免重复核算带来的资源浪费。

第二章 我国自然资源资产负债表框架体系研究
——以 SEEA2012 和 SNA2008 国家资产负债表为基础的一种思路

中共十八届三中全会提出，要探索编制自然资源资产负债表。自然资源资产负债表的编制，是我国深化资源环境体制机制改革，推进经济与生态建设道路创新、理论创新和制度创新的伟大尝试。本报告以联合国综合环境经济核算体系（SEEA2012）、联合国国民经济核算体系（SNA2008）及国家资产负债表为基础，结合我国现阶段环境经济核算的现状，采用国家资产负债表的编制技术和方法手段，对自然资源资产负债表的总体框架形式进行探索，从而为国家自然资源治理体系和治理能力现代化建设奠定基础，为生态文明建设提供信息基础和决策支撑。

关于自然资源资产的会计核算，目前理论研究相对成熟并在实践中逐步推广且已经成为主流的是联合国综合环境经济核算体系（SEEA2012）。该体系运用会计账户技术和方法对资源环境领域的资产账户、环境活动账户及其流量进行了专门阐述。然而尽管会计账户技术和方法在环境经济核算中已被广泛采用，但是资产负债表技术尚没有被引入资源环境领域，[①]导致目前该体系没有提出成熟成型的账户整合和列报方案，缺乏综合反映一国自然资源存量变化的资产列报框架体系。国家资产负债表是借鉴企业资产负债表技术，将国家视为会计主体，对一个国家特定时点的所有经济部门的资产和负债进行分类列示，并分别加总得到的表格。在SNA2008中，资产负债账户反映了经济体期初和期末的资产、负债及净资产存量，从而使SNA的三大类、共14个明细账户得以综合反映出一国完整的经济活动存量，显示一个国家在某一时点上的"家底"。在SNA2008中，虽然将一些自然资源作为资产单独予以列示，但揭示并不全面，没有充分反映国家在资源环境上的责任和义务。不难发现，尽管目前没有成熟的方法制度编制自然资源资产负债表，但在不同的学科领域中，已经蕴含了编制自然资源资产负债表的理论基础和可能技术路线，探索自然资源资产负债表有迹可循。本报告以联合国综合环境经济核算体系（SEEA2012）资源环境账户、联合国国民经济核算体系（SNA2008）和国家资产负债表编制的技术方法为基础，就自然资源各类账户进行整合和列报，探索编制自然资源资产负债表。

[①] 事实上，早在1993年，SNA已经将自然资源作为资产账户纳入到了国家资产负债表中，且随着SNA的发展，自然资源在资产负债账户中的列报内容也在调整：在SNA1993中，自然资源包含的明细项目包括土地、地下资产、非培育性生物资源和水资源；在SNA2008中，自然资源明细项目包括土地、矿产和能源储备、非培育性生物资源、水资源和其他自然资源。

一、编制自然资源资产负债表的理论基础

中共十八届三中全会首次提出，探索编制自然资源资产负债表。自然资源资产负债表，是我国协调经济体制和生态文明体制改革的有效信息载体，是转变地方经济发展方式、对领导干部实行离任审计的重要依据，是我国统筹经济社会发展和资源环境保护的制度性创新工具。自然资源资产负债表，是以经济社会与生态环境可持续协调发展为基础，借鉴和运用国内外资源环境经济核算理论与方法的创新性成果，是国际先进技术经验与我国资源环境管理核算实践充分结合的创新性产物。具体来看，自然资源资产负债表的理论基础主要来源于DPSIR链理论模型、联合国综合环境经济核算体系（SEEA）、联合国国民经济核算体系（SNA2008）和国家资产负债表的编制方法。

（一）DPSIR链理论

环境统计和环境指标是按照DPSIR链进行结构分类的。DPSIR链理论模型从系统分析角度看待人类活动和环境系统的相互作用。它将表征一个自然系统的评价指标分成驱动力（Driving Forces）、压力（Pressure）、状态（State）、影响（Impact）及响应（Response）五个方面。这个链条的理论是经济社会"驱动力"（D）对环境产生"压力"（P），造成环境"状况"的改变（S），这些改变反过来对人类社会和自然界又会产生一定的"影响"（I），当人们认识到这种改变和它所带来的影响后会采取某种社会"反应"（R），它又会对驱动力、压力甚至环境状况产生影响。一个例子是经济发展（D）带动了能源使用和排

放的增加（P），反过来引起空气质量的改变，特别是在城市（S），它又影响到人体健康和生物多样性（I），如果问题严重，政府可能试图打破这种发展趋势，通过征收汽油税或燃油税（R）来减轻这种环境压力和影响，并对经济的发展和排放产生影响。[①]借鉴这一理论，统计部门可以与环境监管机构以及当地政府协同，对自然资源投入到社会经济活动中对生产力的推动力、活动对外部环境的影响，以及社会对环境影响的反应进行统计。其具体指标如表 2-1 所示：

表 2-1　自然资源统计内容体系

与自然资源相关的社会经济活动（D）	活动对外部环境的影响（P.S.I）	社会对环境的反应（R）	现存数和总数合计
1. 自然资源的利用及有关活动 农业 林业 渔业 采矿业 能源生产和消耗 ……	1. 自然资源的消耗与增加 非耗竭性资源 耗竭性资源 …… 2. 环境质量 大气污染 水质 土壤和土地质量 生态系统的质量 …… 3. 人类健康和环境质量 人类健康和污染 环境灾害的影响	1. 自然资源的管理与恢复 自然的保护 自然资源的管理 退化环境的恢复 …… 2. 污染监测与控制 污染研究与监督 标准、控制和实施 环境清理和恢复 公共污染控制设施 …… 3. 自然灾害的预防及其危害的减轻	1. 非耗竭性资源 土地资源 生态资源 水资源 …… 2. 耗竭性资源 矿产资源现存数 森林资源现存数 …… 3. 能源现存数 4. 生态系统总数

资料来源：《环境统计资料的概念和方法：自然环境统计资料技术报告》，第 15 页。

以 DPSIR 链理论为基础，可以对人类活动影响下的自然资源物质和能量流量循环过程进行全链条分析。大体而言，自然资源首先是一种自然存在物，它大多数时候是独立于人类活动而自然存在的，对于人类而言，初始状态是以生态资产形式存

[①] Svein Homstvedt，胡卫. 北欧国家的环境和自然资源统计[J]. 中国统计，2005：53-54.

在的；当自然资源开始作为一种生产要素或者经济资源进入人类经济活动时，自然资源是一种物质资产，自然资源从环境进入经济体的流量，是作为自然资源投入入账的（如矿物、木材、鱼类和水的流量）；自然资源在人类经济活动体系内的循环流动，体现为产品、服务等物质量的流动，自然资源在经济体内的流量，是作为产品流量入账的（包括固定资产存量的增加量）；当自然资源退出人类经济活动系统重新进入环境系统时，自然资源大多是以人类活动残余物的形式进入环境之中，相关自然资源流量是以残余物的形式在会计核算中予以入账（如固体废物、废气排放和水回归流量）反映的。在自然资源环境流量全过程中，人类利用自然资源作为经济活动投入被视为一项自然权利，而经济生产活动等导致的残余物处理则是人类必须承担的天然责任。图2-1对自然资源在经济环境系统的循环流动链条进行了大致描述。

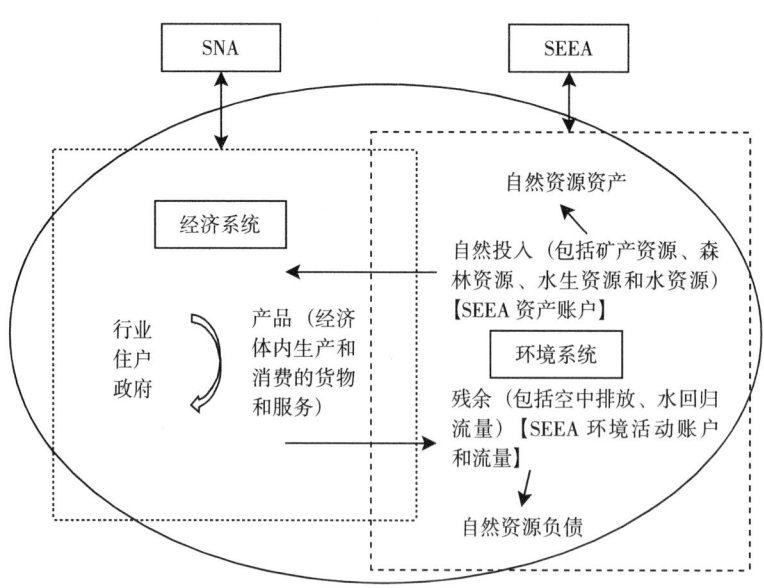

图 2-1 自然资源环境物质流量循环和核算体系构建的关系

不难发现，基于自然资源实物流量循环过程，按其处于人类社会经济活动的阶段不同，自然资源物质流量又可以大致分为两类：一类是进入人类经济社会系统的自然资源，它以产品或服务的形式在经济系统内进行循环；另一类是未进入人类经济社会系统的自然资源，它既包括初始作为生产要素储备尚处于生态资源形式的自然资源（自然投入），也包括以残余物状态退出经济系统重新进入生态环境系统的自然资源（残余物）。部分进入经济系统的自然资源实物存量和流量核算，已经在联合国国民经济核算体系（SNA）中以自然资源资产的形式得到了一定程度的反映；站在全面系统反映自然资源静态存量和动态流量的角度，联合国综合环境经济核算体系（SEEA2012）确立了更为全面系统的自然资源和生态环境经济核算体系框架。可以在一定程度上认为，联合国综合环境经济核算体系（SEEA）和联合国国民经济核算体系（SNA）就是基于自然资源实物流量所处不同循环阶段的统计计量框架。因此，图2-1还在一定程度上揭示了联合国综合环境经济核算体系（SEEA）和联合国国民经济核算体系（SNA）的关系。

进入人类经济体系的自然资源作为自然资源资产投入大多在联合国国民经济核算体系（SNA）中予以反映。联合国国民经济核算体系（SNA）是对国民经济活动进行的整体、系统的核算，是以社会再生产全过程为对象的宏观经济核算。它主要采用复式记账法，通过账户体系把社会再生产各环节、国民经济各部门紧密衔接起来。联合国国民经济核算体系（SNA）从数量上系统地反映了国民经济运行状况及社会再生产过程中生产、分配、交换、使用各个环节之间、国民经济各部门之间的内在联系。在联合国国民经济核算体系（SNA）的基础上，产生了衡量一个国家或地区经济状况和发展水平的重要指标——国内生产总值（GDP），它是国民经济核算的核心指标。

未进入经济系统但与自然资源环境密切相关的自然资源静态存量和动态流量核算，目前可以通过联合国综合环境经济核算体系（SEEA）中心框架予以实现。联合国综合环境经济核算体系（SEEA）中心框架是一个多用途的概念框架，用于阐述经济与环境之间的相互作用，以及环境资产存量和流量的变化。它采用系统办法，编列环境和经济信息，尽可能全面地涵盖与环境和经济问题分析相关的存量和流量。联合国综合环境经济核算体系（SEEA）中心框架涵盖三个主要领域的计量：经济体内部与经济和环境之间的物质和能源实物流量；环境资产存量和这些存量的变化；与环境有关的经济活动和交易。环境存量和流量被视为一个整体。从环境存量角度来看，环境既包括构成生物物理环境的所有生物和非生物组成部分，也包括各类自然资源和它们所处的生态系统。从环境流量角度来看，环境是对经济的所有自然投入的来源，包括自然资源投入（矿物、木材、鱼类、水等）和经济所吸纳的其他自然投入；环境还是人类活动残余物的最终承载，所有经济活动的残余最终都会再次进入环境系统。由于资产负债是经济系统中界定人与人之间权利和义务（权力和责任）的常用术语，将这一概念延展使用在环境流量对人的影响上，则自然环境中可作为要素投入人类经济生产活动的自然资源可被视为自然资源资产，而退出经济循环进入环境系统的残余物会带来环境状态改变的压力和责任，因此可视为环境负债。

（二）联合国综合环境经济核算体系（SEEA2012）

联合国综合环境经济核算体系（SEEA2012）作为一项国际

标准,是首个环境经济核算体系的国际统计标准。2012年3月,联合国统计委员会第四十三届会议通过了环境经济核算体系(System of Environmental-Economic Accounting 2012)中心框架。环境经济核算体系中心框架以之前两个版本的环境经济核算体系为基础,即《1993年国民核算手册:综合环境和经济核算体系》(《1993年环境经济核算体系》)和《2003年国民核算手册:综合环境和经济核算体系》(《2003年环境经济核算体系》)。联合国综合环境经济核算体系作为一项核算制度,以商定概念、定义、分类和核算规则为基础,并以一种概念一致的综合方式,将信息编入表格和账户中。这种信息可用于创建一致的指标,为决策提供依据,并生成用于一系列广泛目的的账目和合计数。

环境经济核算体系中心框架是一个多用途的概念框架,环境统计及其与经济的关系是官方统计的核心,重点在于考察经济与环境之间的相互作用,描述环境资产存量和流量变化。具体而言,SEEA2012在明确各类自然资源定义和分类的基础上,设置了七组自然资源资产账户。这些资产账户包含实物量与价值量两大类核算表格,基本反映出了自然资源在生态与经济循环中的流转模式,即:期初资产存量—本期资产存量增加—本期资产存量减少—本期实物量与价格调整—期末资产存量。与此同时,SEEA2012还对环境活动和相关流量进行了账户核算,两类主要环境活动(资源管理和环境保护)也通过账户形式予以系统核算。不难看出,SEEA2012的资产账户可以将自然资源的形成来源和用途配置以"资产来源=资产使用(占用)"的形式反映出来,已经具有资金流量表"来源=使用"的功能属性;SEEA2012环境活动及其相关流量账户对环境活动的支出和收入进行了账户核算，其本质是对"环境债务"的处理和偿还进行计量记录。因此，以 SEEA2012 自然资源资产核算、环境活动及其相关流量核算为理论基础，可以提出自然资源资产负债表的核算要素和列报框架。

联合国综合环境经济核算体系（SEEA）中心框架将水资源、矿物、能源、木材、鱼类、土壤、土地和生态系统、污染和废物、生产、消费和积累信息放在单一计量体系中，并为每个领域指定一种具体而详细的计量办法，这些办法全部被列入联合国综合环境经济核算体系中心框架中。与联合国综合环境经济核算体系（SEEA）作为一种全面系统的计量方式不同，自然资源资产负债表是充分利用 SEEA 的理论基础和核算方法进行自然资源信息披露的一种方式。它通过对自然资源资产和负债信息进行账户整合和信息列报，从而揭示一国或地区自然资源的"家底"。

值得注意的是，在联合国国民经济核算体系（SNA）中，自然资源仅以时点数据作为资产类型之一单独列示，而在联合国综合环境经济核算体系（SEEA）中，自然资源账户从物质循环链条的角度进行计量记录。SEEA 计量实物流量的主要焦点，是利用物理单位记录出入经济体的物资和能源流量及经济体内部的物质和能源流量，这些计量结果被称为实物流量。与单纯在联合国国民经济核算体系（SNA）中仅以时点数据显示不同，SEEA 资产账户对自然资源的核算计量更加系统和全面。以人类经济系统常见的权责分类方法看待处于生态环境系统的自然资源，则作为自然投入的自然资源属于潜在可用的自然资产，从经济系统退出进入环境的残余物则属于人类利用自然资源所导致的需要承担责任的环境负债。

（三）SNA 国家资产负债表

对经济和环境信息进行整合，需要采用一种跨学科方法。[①] SEEA 中心框架的核心是一种编排环境和经济信息的系统办法，这种办法已尽最大可能完整地涵盖与分析了与环境和经济问题有关的存量和流量。在应用这一办法时，SEEA 中心框架利用国民账户体系的核算概念、结构、规则和原则，主要包括编制实物供应利用表、功能账户（如环境保护支出账户）和自然资源资产账户。SEEA 对自然资源资产、环境活动和相关流量等采取了账户式反映，并按照资金流量表"资金来源=资金运用"的原则进行了资产流全链条核算，但其在整合环境和经济信息上目前并没有形成成熟、可操作的框架体系。因此，需要在 SEEA 自然资产账户和环境活动及相关流量账户的基础上，按照一定的账户整合和列报方式对自然资源环境信息进行披露。

方式方法应该服务于目的需要。国家资产负债表，就是借鉴社会经济系统中按照权责发生制原则计量记录微观经济存量和流量以反映会计主体的权利义务的做法，以一国或一国政府为会计主体，通过账户整合综合反映一国国民经济活动的历史积累成果，形成特定时点一国经济总体实力"家底"的核算方法体系。在联合国国民经济核算体系（SNA）中，为全面、完整、系统、有效地反映我国国民经济活动的历史积累成果和经济总体实力，了解我国国民资产的总规模及结构状况，为各级政府制定政策和计划、进行经济管理与调控提供依据，依照《中华人民共和国统计法》的规定要求编制了《国民资产核算制度》。《国民资产核算制度》共有五张表式，其中资产负债综合

[①] 联合国综合环境经济核算体系（SEEA2012），第 24 页。

表一张，机构部门资产负债表四张。采用国家资产负债表的方法编制自然资源资产负债表，可以显示某一时点上自然资源资产的"家底"和结构，反映一定时间内的自然资产存量的变化，既反映相关主体的自然资源受托责任，为对领导干部实行自然资源资产离任审计、建立生态环境损害责任终身追究制奠定信息基础；同时也为各级政府制定自然环境管理与生态保护政策提供依据。

二、自然资源资产负债表体系的基本框架

（一）自然资源资产负债表的基本要素

如何确定自然资源资产负债表的基本要素和框架体系，以及采取何种形式列报自然资源资产负债表，目前尚没有通行的国际标准或者普遍做法。在 SEEA2012 第六章"账户的整合与列报"中，就中心框架内编排和整合信息的可能性进行了阐述，其相关研究结论和成果可以作为我国自然资源资产负债表编制的参考。

在 SEEA2012 第六章"账户的整合与列报"中，首先，该文认为账户"整合方式可能有若干种：在第一个层面，它意味着采用共同格式和分类列报信息；在第二个层面，可以利用中心框架提供一系列关于环境压力、状况和反应的说明性统计数字和指标；在第三个层面，按照中心框架整合的数据可用于建构分析模型，分析消费和生产模式，例如纳入消费生态足迹类型指标"。上述原则为我国探索编制既符合国际统一标准又适合中国国情的自然资源资产负债表提供了国际经验和理论支

撑。其次，该文认为由于"中心框架中的账户采取了全面支持分析用途的结构"，因此，整合工作的重点在前两个层面："一是编排信息，尤其是编制实物和货币合并账户；二是列报说明性统计数字和指标"。这为我国应用SEEA2012的基本账户理论及信息来源来编制自然资源资产负债表明确了重点，规范了自然资源资产负债表信息整合、列报和披露的主要方式和内容，自然资源资产负债表对SEEA2012的最大发展和贡献就是按照特定的用途和规则整合账户和列报信息。最后，该文还认为，"没有必要为每一种物资建立一份详尽无遗的实物供应利用表，或者为每一种环境资产编制资产账户"。SEEA中心框架的意图是使供应利用表、资产账户及其他组成部分能够根据意欲进行的分析和数据可用情况，充当一个编排框架。因此，就很多应用情况而言，合理的做法是整合一套有限的信息。这为我国通过资源环境账户整合以及信息列报编制自然资源资产负债表提供了框架体系上的指导与参考。

不难看出，自然资源资产负债表（NRSAL/BSNR）（Natural Resource Statement of Assets and Liabilities/the Balance Sheet of Natural Resource），就是坚持SEEA2012"账户的整合与列报"中的一系列原则和基本理念，结合中国经济社会环境发展实际情况，编制出的反映我国自然资源"家底"的综合性报表体系。编制自然资源资产负债表，是一项符合国际经济资源环境核算原则的创新性举措。它既以联合国综合环境经济核算体系（SEEA2012）为理论基础和信息来源，又在整合账户和信息列报方面发展和创新了SEEA2012。其创新之处主要在于：借鉴国家资产负债表的形式，将自然资源核算对象按照一定的属性原则划分为最基本的会计要素，对各种要素进行账户核算，并最终整合成一张反映自然资源环境"家底"的综合性表格。按照自然资源会计核算对象的基本特征，自然资源会计核算要素可以基本分为资产、负债、净资产三大类。资产、负债、净资产三项会计要素侧重反映自然资源的基本"家底"，是构成自然资源资产负债表的基本要素。

1. 自然资源资产

自然资源是指天然存在、有使用价值、产权明确、可提高人类当前和未来福利的自然环境因素的总和。在经济学中，资产被定义为一种价值储存手段，是对社会有价值之物。在很多情况下，资产主要作为对生产流程的投入。自然资源资产，主要是指其中具有稀缺性、有用性（包括经济效益、社会效益、生态效益）及产权明确的自然资源，自然环境各部分中固有的价值以及自然环境为整个社会，尤其是为经济提供的投入，均属于"自然资源资产"或者"环境资产"，这些资产可以用实物也可以用货币来衡量。

2. 自然资源负债

在SEEA2012中没有自然资源负债的概念，在联合国国民经济核算体系（SNA）中，也仅包括金融负债，没有环境负债的概念。因此，是否存在自然资源负债，是我们首先需要解决的问题。

国际会计准则委员会对负债的定义为：负债是指企业过去的交易或事项形成的、预期会导致经济利益流出企业的现时义务。我国《企业会计准则》将其定义为：负债是企业所承担的能以货币计量、需以资产或劳务偿还的债务。根据负债的定义，负债具有以下特征：负债是企业承担的现时义务；负债的清偿预期会导致经济利益流出企业；负债是由过去的交易或事项形成的。根据上述负债的定义和特征不难看出，负债是会计核算权责发生制的产物，没有权责发生制核算原则，就不会有企业负债。负债从本质上就是会计主体在某一时点上应该承担的"现时责任"。该"现时责任"是主体为了获取资源必须承受的"代价"，且是必须要偿还的（无论现在还是将来）。从物质流、信息流的变迁规律中可以发现，在人类利用自然资源的过程中，既要关注自然资源环境作为生产要素形成物质财富的"资产属性"，也要关注在这一过程中伴随而生的自然资源环境作为人类活动残余物所形成的"债务属性"。《中共中央关于全面深化改革若干重大问题的决定》辅导读本认为，"编制自然资源资产负债表，是对领导干部实行自然资源资产离任审计，建立生态环境损害责任终身追究制的基础"。如果自然资源资产负债表仅反映自然资源资产情况，而不反映自然资源负债情况，虽也可对领导干部进行自然资源资产离任审计，却难以实现揭示"生态环境损害责任"的目的。因此，要想总括反映人类生产生活外部自然环境资源的综合情况，只核算其"资产形态"而不核算其"负债形态"，只关注自然资源使用利用的权利而不关注其伴随而生的应尽义务，则这种核算是不全面、不完整的。只有将环境负债纳入核算内容，才能警示人类活动对环境的欠债，才能促使各类组织加大对环境保护污染治理的投入，以降低自然资源资产负债率，增加自然资源净资产。从这个角度编制自然资源资产负债表，则必须在核算体系中按照会计核算权责发生制原则增加自然资源负债项目。

另外，从资产负债表的内在逻辑看，无论是"资产=负债+所有权权益"这一会计恒等式，还是"资产来源=资产使用（占用）"这一传统会计平衡关系，反映的经济本质都是权力、权利与责任、义务之间的平衡关系。自然资源负债（债务）是人类经济活动所产生的负外部性对自然资源的破坏性影响，尤其是当这种影响无法通过自然生态系统自身作用予以恢复时，必须按照权责发生制原则核算相关主体的环境责任，这种环境责任的计量记录核算就是"环境负债"或"自然资源负债"。因此，我们认为自然资源负债是客观存在的，自然资源资产负债表中应该反映自然资源负债内容。

值得注意的是，在自然资源产权明晰的情况下，自然资源负债从"权属"和"交易"的角度来说十分易于理解，但由于自然资源具有公共产品属性，它不具有一般私人产品产权明晰的特征，不像应付账款、应付职工薪酬、应付税款等负债账户，它没有明确的权利主体，因此必须进行自然资源产权改革，理顺所有权、管理权和经营权之间的关系。同时，由于自然资源负债数据来源于调查、普查、抽样等统计方法，与会计学对经济活动进行复式记账计量存在较为明显的差异，因此自然资源负债与金融负债具有明显不同的质量特征。

3. 自然资源净资产

在自然资源资产负债表中，自然资源净资产就是一国或地区在一定时间内所拥有的全部自然财富（绿色财富）。它是自然资源资产超过自然资源负债的部分，即全部自然资源资产减去全部自然资源负债后的净值。在会计学概念中，净资产代表企业所有者（企业主或股东）在企业中的财产价值，属于所有者权益。企业的净资产，是指企业的资产总额减去负债后的净额，在数量上等于企业全部资产减去全部负债后的余额。在SNA2008国家资产负债表中，净资产被称为国民财富（National Wealth），是指一国或地区在一定时间内拥有的全部物质资料

（物质财富），部分自然资源作为财富内容之一被包括在国民财富之中。与国民财富中自然资源价值来源于理论估计和数据预测不同，在自然资源资产负债表中，自然资源净资产核算主要是基于现实自然资源资产和自然资源负债的核算，其依据和结果将更具验证性。此外，自然资源资产负债表还是对生态系统生产总值①（Gross Ecosystem Production，GEP）核算的有效工具。

（二）自然资源资产负债表体系的理论框架

会计要素是构成会计报表的基本要素，它是指会计对象是由哪些部分所构成的，是会计对象的具体内容按照经济特征所做的最基本分类，是会计核算对象的具体化。自然资源资产负债表按照其基本要素可以分为资产、负债和净资产三类，其具体理论框架和列报形式构建如下。

1. 自然资源资产列报

在 SEEA 中心框架中，将自然资源资产作为构成环境的组成部分予以考察，没有直接考虑这些组成部分在生态系统中的相互作用。因此，自然资源资产指地球上自然发生的生物和非生物部分，它们一起构成生物物理环境，可为人类带来惠益。按照自然资源的物理特质和功能属性，参考 SEEA 中自然资源资产的分类方法，可以将自然资源资产划分为矿产和能源资源、土地、土壤资源、木材资源、水生资源、其他生物资源、水资源七大类。以 SEEA 资产账户为参考，自然资源资产表理论上主要包括以上七大类自然资源资产（如表 2-2 所示）。

---

① 生态系统生产总值（Gross Ecosystem Production，GEP），是指一套与国内生产总值（GDP）相对应的、能够衡量生态状况的统计与核算体系，最终可以以一个数字或指数总体反映一段时间内（通常是一年）创造的自然资源财富总量。

表 2-2 自然资源资产表（理论框架）

自然资源资产类型	期初存量		期末存量	
	实物量	价值量	实物量	价值量
1 矿产和能源资源				
1.1 石油资源				
1.2 天然气资源				
1.3 煤和泥炭资源				
1.4 非金属矿产资源（不包括煤和泥炭资源）				
1.5 金属矿产资源				
2 土地				
3 土壤资源				
4 木材资源				
4.1 培育木材资源				
4.2 天然木材资源				
5 水生资源				
5.1 培育水生资源				
5.2 天然水生资源				
6 其他生物资源（不包括木材资源和水生资源）				
7 水资源				
7.1 地表水				
7.2 地下水				
7.3 土壤水				

对于上述每一项具体自然资源，我们还可以根据 SEEA 中心框架的资产账户核算列报出其在当期的变化情况。SEEA2012 中资产账户的核算结构从环境资产的期初存量开始，到环境资产的期末存量结束。基本遵循"期初存量+存量增加（存量增长、发现新存量、上调估值、重新分类）-存量减少（开采、存量正常损失、下调估值、重新分类）+存量重新估价=期末存量"的核算逻辑。比如，森林和其他林地的实物资产账户（公顷）变化情况遵循"森林和其他林地期初存量+存量增加（造林、自然扩张）-存量减少（伐林、自然缩减）=森林和其他林地期末存量"的变化规律。SEEA 中资产存量从核算期期初到期末的变化，按照存量变动的方向主要分为两类：

存量增加和存量减少。其中，存量增加又细分为"存量增长、发现新存量、上调估值、重新分类"四类，存量减少又细分为"开采、存量正常损失、下调估值、重新分类"四类。在自然资源资产变动表中，除了按照存量变动的方向分为存量增加和存量减少之外，由于导致每一项自然资源变化的因素大致可以区分为人为因素和自然因素，因此在自然资源资产变动表中可将各类自然资源存量的变化因素大致划分为人为因素和自然因素两类进行列报。具体核算形式应该既包括实物量又包括价值量，具体理论框架详见表2-3。

表2-3 自然资源资产变动表（理论框架）

资产类别		期初数	增加		减少		期末数
			人类活动	自然因素	人类活动	自然因素	
1	矿产和能源资源						
	1.1 石油资源						
	1.2 天然气资源						
	1.3 煤和泥炭资源						
	1.4 非金属矿产资源（不包括煤和泥炭资源）						
	1.5 金属矿产资源						
2	土地						
3	土壤资源						
4	木材资源						
	4.1 培育木材资源						
	4.2 天然木材资源						
5	水生资源						
	5.1 培育水生资源						
	5.2 天然水生资源						
6	其他生物资源（不包括木材资源和水生资源）						
7	水资源						
	7.1 地表水						
	7.2 地下水						
	7.3 土壤水						

2. 自然资源负债列报

按照权责发生制原则,当不利于人类的环境出现时,环境责任(负债)就会产生,因避免或消除不利环境出现而产生的义务和责任即为环境负债。按照 SEEA2012 第五章"账户的整合与列报"的基本原则和核心理念,我们根据 SEEA2012 第四章"环境活动账户和相关流量"的功能属性,构建自然资源资产负债表的主要列报项目。①

SEEA2012 中心框架第四章"环境活动账户和相关流量"从本质来看就是核算"人类偿还环境债务的活动"。在 SEEA2012 中,环境活动的范围和定义如下:环境活动的范围涵盖以减少或消除环境所受压力或者更有效利用自然资源为主要目的的那些经济活动。这些活动的实例有恢复被污染的环境、养护和自然资源管理,以及投资开发旨在预防或减少污染的技术。这些种类繁多的活动被分为两大类型的环境活动:环境保护和自然管理。

环保活动指以预防、减少和消除污染及其他形式环境退化为主要目的的各种活动。这些活动包括但不限于预防、减少或处理废物和废水;预防、减少或消除空中排放;处理和处置受污染的土壤和地下水;预防或降低噪声和震动水平;保护生物多样性和大地景观,包括它们的生态功能;监测自然环境(空气、水、土壤和地下水)的质量;环保研究和开发;以及以环保为导向的一般管理、培训和教学活动。

---

① 值得注意的是,SEEA2012 没有将环境保护和自然资源管理成本作为负债核算,而是根据实际自然资源债务"偿还"情况通过设置功能账户以核算此类成本。具体而言,SEEA2012 主张设置环保支出账户和自然资源管理账户两个功能账户作为 SNA2008 的卫星账户,这样做的优势是回避了理论上的自然资源负债争议,且在核算技术和数据基础上更具操作性。

资源管理活动指那些以保护和维护自然资源存量、防止耗减为主要目的的活动。① 这些活动包括但不限于减少对自然资源的提取（包括自然资源回收、回用、再循环和替代）；恢复自然资源存量（增加或补充自然资源存量）；自然资源的一般管理（包括监测、控制、监视和数据收集）；以及生产用于管理和养护自然资源的货物和服务。

不难发现，"增加或者导致环境压力的那些活动"和"不太有效或者低效利用自然资源的那些活动"，就是环境负债产生的根源。不管是环境保护还是资源管理，不管是政府支付还是向政府支付，都是为了承担环境责任而发生的。因此，核算上述经济社会活动所产生的环境责任就是环境负债；而实际发生的"环境保护或自然管理"活动，就是 SEEA2012 第四章"环境活动账户和相关流量"的内容；两者之间的差额则是该期期末应该履行而没有履行的环境责任（即期末自然资源环境负债）。因此，自然资源环境负债列报，应该反映该期期末应该承担而尚未承担的环境责任。

按照环境负债的产生根源，借鉴 SEEA2012 中环境活动的分类，可以确定自然资源负债列报的主要内容，即"增加或者导致环境压力的那些活动"和"不太有效或者低效利用自然资源的那些活动"。具体而言，按照环境负债产生的主要根源，可以将环境负债分为人类活动产生的负债和自然变化产生的负债；而人类活动产生的负债又可以分为环境保护负债和资源管理负债。因此，自然资源负债列报内容主要包括（应付）环

---

① 资源管理活动可能导致相关次级环境惠益，例如保护和恢复野生生物和自然环境。但是，为了生物多样性和景观保护（如管理受保护的森林）而专门开展的活动，以及为保持自然环境的特定功能或质量而开展的活动，应被视为环保活动。

境保护负债、(应付)资源管理负债和(应付)自然负债(见表2-4)。对于这些环境负债,还可以按其偿还责任是否有法律强制性特征进一步细分为法定负债(或显性负债)和推定负债(或隐性负债)。

表2-4 自然资源负债的分类

SEEA中环境活动分类:类别概览		自然资源资产负债表中的负债分类	
大类	小类	大类	小类
一、环境保护	1. 保护周围空气和气候	一、(应付)环境保护负债	1. 向空气中的排放
	2. 废水管理		2. 废水排放
	3. 废物管理		3. 废物排放
	4. 保护和补救土壤、地下水和地表水		4. 土壤、地下水和地表水损失
	5. 减小噪声和震动(不包括工作场所保护措施)		5. 噪声和震动
	6. 保护生物多样性和景观		6. 生物多样性和景观损失
	7. 辐射防护(不包括外部安全)		7. 辐射危害
	8. 环保研发		8. 其他环境责任
	9. 其他环保活动		
二、资源管理	10. 矿产和能源资源管理	二、(应付)资源管理负债	9. 矿产和能源资源利用应承担的负债
	11. 木材资源管理		10. 木材资源利用应承担的负债
	12. 水生资源管理		11. 水生资源利用应承担的负债
	13. 其他生物资源管理(不包括木材和水生资源)		12. 其他生物资源利用应承担的负债
	14. 水资源管理		13. 水资源利用应承担的负债
	15. 资源管理研发活动		14. 其他资源利用应承担的负债
	16. 其他资源管理活动	三、(应付)自然负债	15. 因地震应承担的负债
			16. 因海啸应承担的负债
			17. 因台风应承担的负债
			……

对于自然资源负债的变化,也需要进行科学客观的反映。从资产负债表的列报规则和整体框架构建来看,"期初数+本期增加数-本期减少数=期末数"这一变化列报规则仍然适用于自

然资源环境责任的变化。值得注意的是，各项自然资源负债的确认必须以应该承担而尚未承担的环境保护和资源管理责任为依据。根据期初应承担而尚未承担的环境保护和资源管理责任，确定其期初数；在该时期内，由于工业发展等因素而新增的环境保护和资源管理责任，应增加当期自然资源负债；实际发生的各项环境保护和资源管理投入，除增加自然资源资产外，应减少当期自然资源负债；期初自然资源负债加上当期新增加的自然资源负债，再减去当期减少的自然资源负债，就是期末自然资源负债数（见表2-5）。在SEEA2012第四章"环境活动账户和相关流量"中，各主体对于环境"责任"的投入，既可能形成环境"资产"的来源，也可能导致环境"负债"的减少。各主体增加环境投入，应在自然资源资产变动表中作为自然资源资产增加量或在自然资源负债表中作为自然资源负债减少量来进行处理。

表2-5 自然资源负债变动表（理论框架）

负债类别		期初数	增加		减少		期末数
			人类活动导致	自然因素导致	人类活动导致	自然因素导致	
1	（应付）环境保护负债						
	1.1 向空气中的排放						
	1.2 废水排放						
	1.3 废物排放						
	1.4 土壤、地下水和地表水损失						
	1.5 噪声和震动						
	1.6 生物多样性和景观损失						
	1.7 辐射危害						
	1.8 其他环境责任						

续表

负债类别	期初数	增加		减少		期末数
		人类活动导致	自然因素导致	人类活动导致	自然因素导致	
2　（应付）资源管理负债						
2.1　矿产和能源资源利用应承担的负债						
2.2　木材资源利用应承担的负债						
2.3　水生资源利用应承担的负债						
2.4　其他生物资源利用应承担的负债						
2.5　水资源利用应承担的负债						
2.6　其他资源利用应承担的负债						
3　（应付）自然负债						
3.1　因地震应承担的负债						
3.2　因海啸应承担的负债						
3.3　因台风应承担的负债						
……						

3. 自然资源资产负债表列报（理论框架）

根据前面自然资源资产分类及其列报和自然资源资产负债分类及其列报的理论框架体系，在 SEEA2012 运用会计学账户工具广泛进行实物账户、资产账户和功能账户核算的基础上，本报告进一步借鉴 SNA2008 国家资产负债表的信息列报和披露方法，以编制自然资源资产负债表的形式全面综合揭示一国或地区的自然资源环境"家底"（见表 2-6）。总体来看，自然资源资产负债表列报遵循"自然资源资产－自然资源负债=自然资源净资产"这一基本会计恒等式。自然资源净资产，是一国或地区所拥有的自然绿色财富总和，它在数量上应该等于自然资源资产减去自然资源负债。根据生态系统生产总值

（Gross Ecosystem Production，GEP）的定义和核算原理，GEP 就是一国或地区该年在自然资源利用、保护过程中创造出的自然资源绿色财富，它理论上应该等于该国或该地区自然资源净资产的增量，即该年期末的自然资源净资产减去该年期初的自然资源净资产。即：GEP=年末自然资源净资产-年初自然资源净资产。

4. 对自然资源资产负债表理论框架的运用

上述自然资源资产负债表理论框架，其主要作用在于以下三个方面：

（1）自然资源资产表（自然资源资产变动表）：可以显示一国或地区内某一时点上自然资源资产的"家底"，反映一定时间内自然资源资产存量的变化。它可以发现一国或地区的资源结构及其资源禀赋现状，既反映地方政府领导干部在推进地方经济社会建设中所耗费的自然资源存量，又揭示地方政府在自然资源管理和环境保护投入上的自然资源资产变动绩效水平，自然资源资产存量变化可以作为领导干部实行离任审计的依据，有利于统筹社会经济生态协调可持续发展，破除地方发展唯 GDP 论。

（2）自然资源负债表（自然资源负债变动表）：在摸清自然资源资产"家底"的基础上，可以综合反映社会经济发展对自然资源的不利影响，揭示产业结构变化所带来的环境负债变化及经济发展方式和产业调整升级转型效果，揭示资源管理和环境保护利用过程中存在的自然资源风险。它既能充分明确社会经济发展过程中的环境保护和资源管理责任，又能反映其自然资源管理和环境保护责任履行情况，使环境保护和资源管理与社会经济发展相协调，实现经济、社会、环境可持续协调发展。

表 2-6 自然资源资产负债表列报（理论框架）

自然资源资产	期初存量 实物量	期初存量 价值量	期末存量 实物量	期末存量 价值量		自然资源负债和净资产	期初存量 实物量	期初存量 价值量	期末存量 实物量	期末存量 价值量
1 矿产和能源资源					1	（应付）环境保护负债				
1.1 石油资源						1.1 向空气中的排放				
1.2 天然气资源						1.2 废水排放				
1.3 煤和泥炭资源						1.3 废物排放				
1.4 非金属矿产资源（不包括煤和泥炭资源）						1.4 土壤、地下水和地表水损失				
1.5 金属矿产资源						1.5 噪声和震动				
2 土地						1.6 生物多样性和景观损失				
3 土壤资源						1.7 辐射危害				
4 木材资源						1.8 其他环境责任				
4.1 培育木材资源					2	（应付）资源管理负债				
4.2 天然木材资源						2.1 矿产和能源资源利用应承担的负债				
5 水生资源						2.2 木材资源利用应承担的负债				
5.1 培育水生资源						2.3 水资源利用应承担的负债				
5.2 天然水生资源						2.4 其他生物资源利用应承担的负债				
6 其他生物资源（不包括木材资源和水生资源）						2.5 水资源负债				
7 水资源						2.6 其他资源应承担的负债				
7.1 地表水					3	（应付）自然灾害				
7.2 地下水						3.1 因地震应承担的负债				
7.3 土壤水						3.2 因海啸应承担的负债				
						3.3 因台风应承担的负债				
					4	自然资源净资产				

（3）根据自然资源资产负债表，综合评价一个地区资源环境生态协调可持续发展情况。以联合国综合环境经济核算体系（SEEA）为理论基础，结合其他经济、社会统计报表编制的自然资源资产负债表，可以综合衡量一个地区在经济社会发展中的资源环境状况和生态发展水平，并构建基于环境经济核算的自然资源综合指标——生态系统生产总值（Gross Ecosystem Production，GEP）。从理论上来看，一国或地区一年创造的生态系统生产总值（GEP），应该等于该年自然资源净资产的增加量，即 GEP=年末自然资源净资产–年初自然资源净资产。为扭转地方政府考核唯 GDP 论，可通过 GDP 和 GEP 双目标综合考核经济与环境协调可持续发展情况。同时，通过自然资源资产负债表管理，可以有效协调产业政策和生态政策，降低经济发展所面临的资源环境风险，促使经济社会生态协调可持续发展。

三、我国编制自然资源资产负债表的现实选择

（一）自然资源资产负债表框架体系

中共十八届三中全会《决定》要求"探索编制自然资源资产负债表"，广东省、贵州省、江西省、青海省、内蒙古自治区、重庆市等省（自治区、直辖市）已将编制自然资源资产负债表列入 2014 年政府工作任务。但是，自然资源资产负债表应该采取什么样的报表架构、报告哪些内容？如何统计、计量自然资源的资产和负债？目前国内外还没有成熟的经验可资借鉴。本报告重点就上述问题进行研究，期望提供理论上严密、

技术上可行、方法上科学、操作上简便的行动方案。

探索编制自然资源资产负债表，必须首先明白期望该表能够实现的目标。《中共中央关于全面深化改革若干重大问题的决定》辅导读本：自然资源是指天然存在、有使用价值、可提高人类当前和未来福利的自然环境因素的总和。自然资源资产是指其中具有稀缺性、有用性（包括经济效益、社会效益、生态效益）及产权明确的自然资源。自然资源资产负债表是用国家资产负债表的方式，将全国或一个地区的所有自然资源资产进行分类加总形成的报表，显示某一时点上自然资源资产的"家底"，反映一定时间内自然资源资产存量的变化。编制自然资源资产负债表，是对领导干部实行自然资源资产离任审计，建立生态环境损害责任终身追究制的基础。国内外对编制自然资源资产负债表还没有成熟的方法制度，因此需要探索。

本报告前面根据 SEEA2012、SNA2008、国家资产负债表提出了自然资源资产负债表的基本要素和理论框架体系。以此作为理论依据，结合我国自然资源管理体制现状和目前我国自然资源数据收集和统计计量情况，借鉴国家资产负债表[①]的编制经验，本报告提出如下自然资源资产负债表体系（共包括 5 张基础报表）。

（1）自然资源资产表和自然资源资产变动表。主要包括一国或地区具有明确产权的自然资源资产实物量表和价值量表。对于自然资源资产的核算范围，各地可根据实际情况，选择"产权清晰、管理规范、数据翔实"的成熟资产优先纳入，其

---

① 财政部 2010 年底启动权责发生制政府综合财务报告试编工作，其中包含政府资产负债表等 20 张报表。

他自然资源资产待完成全面改革后逐步纳入，逐步扩大自然资源核算范围。

（2）自然资源负债表和自然资源负债变动表。主要反映一国或地区社会经济发展导致的自然资源管理和环境保护责任。该责任应根据经济社会发展对资源和环境的影响按照一定的程序和办法对其价值量进行确认。对于自然资源负债的核算范围，可优先重点核算经济社会活动向环境排放产生的责任（固液体残余、向空气排放、水回归流量）。

（3）自然资源资产负债表。将一国或地区自然资源资产、自然资源负债按照国家资产负债表的方式列报，显示一国或地区自然资源净资产。

（4）自然资源资产负债表附注。主要包括核算的主体范围及合并汇总方法、会计政策和方法、报表项目明细信息、未在报表列示但对自然资源状况有重大影响的事项等，可帮助报告使用者更好地理解自然资源资产负债表。

（5）政府自然资源管理状况。充分披露政府运用自然资源资产形成的收入和偿付环境负债所发生的支出，利用自然资源资产负债表及报表附注中的有关信息，结合国民经济形势、相关政策要求等，分析自然资源利用状况、生态环境管理效果，研究政府的自然资源利用政策、生态环境保护政策以及生态环境经济社会中长期可持续发展政策等，更好地为领导决策服务。

（二）我国自然资源资产负债表（NRSAL）体系

1. 自然资源资产表

根据我国《环境保护法》第二条规定，自然资源包括：土地、森林、草原、矿藏、海洋、湿地、水。《中国自然资源手册》将自然资源资产分为土地资源资产、森林资源资产、草地资源资产、水资源资产、气候资源资产、矿产资源资产、海洋资源资产、能源资源资产和其他资源资产九大类资产。根据SEEA的定义和我国对自然资源的分类，我们进行对比分析列示了自然资源资产负债表中自然资源的分类。自然资源资产表（如表2-7所示）由统计部门根据汇总后的数据统一列示，具体自然资源资产按照自然资源的类型由相关自然资源管理部门填列。为了综合系统地反映自然资源资产的变动情况，表2-8自然资源资产变动表列示了自然资源资产实物量和价值量的变动情况。

表 2-7 自然资源资产表（实物量、价值量）

自然资源资产类型	期初存量		期末存量	
	实物量	价值量	实物量	价值量
1 能源资源				
1.1 煤炭				
1.2 油页岩				
1.3 石油				
1.4 天然气				
1.5 煤层气				
1.6 其他自然能源资源				
2 矿产资源				
2.1 金属矿产资源				
2.2 非金属矿产资源				
3 土地资源				
3.1 耕地				
3.2 园地				
3.3 林地（包括禁止采伐的生态森林资源）				
3.4 草地（包括沼泽或淡水湿地）				
3.5 商服用地				
3.6 工矿仓储用地				
3.7 住宅用地				
3.8 公共管理与公共服务用地				
3.9 特殊用地				

续表

自然资源资产类型	期初存量		期末存量	
	实物量	价值量	实物量	价值量
3.10 交通运输用地				
3.11 其他土地				
4 林业资源（木材资源）				
4.1 森林				
4.2 林木				
4.3 其他林业资源				
5 水资源				
5.1 地表水（陆地水）（不包括沼泽或淡水湿地）				
5.2 地下水				
5.3 土壤水				

表 2-8 自然资源资产变动表（实物量、价值量）

资产类别	期初数	增加		减少		期末数
		人类活动导致	自然因素导致	人类活动导致	自然因素导致	
1 能源资源						
1.1 煤炭						
1.2 油页岩						
1.3 石油						
1.4 天然气						
1.5 煤层气						
1.6 其他自然能源资源						
2 矿产资源						
2.1 金属矿产资源						
2.2 非金属矿产资源						
3 土地资源						
3.1 耕地						
3.2 园地						
3.3 林地（包括禁止采伐的生态森林资源）						
3.4 草地（包括沼泽或淡水湿地）						
3.5 商服用地						
3.6 工矿仓储用地						
3.7 住宅用地						

续表

资产类别	期初数	增加		减少		期末数
		人类活动导致	自然因素导致	人类活动导致	自然因素导致	
3.8 公共管理与公共服务用地						
3.9 特殊用地						
3.10 交通运输用地						
3.11 其他土地						
4 林业资源（木材资源）						
4.1 森林						
4.2 林木						
4.3 其他林业资源						
5 水资源						
5.1 地表水（陆地水）（不包括沼泽或淡水湿地）						
5.2 地下水						
5.3 土壤水						

2. 自然资源负债表

根据前面的理论框架，我国自然资源负债表主要是指人类在开发利用自然资源全过程中涉及的按照权责发生制原则应该予以确认计量的环境保护责任、资源管理责任和可能承担的自然灾害损失。这些责任是政府或企业等主体因过去发生的行为活动或经济业务而应该承担的环境义务，这些义务应作为负债在自然资源负债表中列示。对于自然资源负债的分类，国内一些学者认为自然资源负债具体包括应付治污成本、应付生态恢复成本、应付生态维护成本、应付超载补偿成本等（王妹娥和程文琪，2014;[1] 张友棠等，2014[2]），我们认为上述"应付成

---

[1] 王妹娥，程文琪.自然资源资产负债表探讨[J].现代工业经济和信息化，2014（9）：15-17.
[2] 张友棠，刘帅，卢楠.自然资源资产负债表创建研究[J].财会通讯，2014（4）：6-9.

本"是符合自然资源负债概念的，但由于相关概念界定模糊、标准认定困难、计量技术受限和基础数据缺乏，此种自然资源负债分类方法有待商榷。

在 SEEA2012 中，环境活动主要是以减少或消除环境所受压力或者更有效利用自然资源为主要目的的经济活动，而已经发生的"增加或者导致环境压力的那些活动"和"不太有效利用自然资源的那些活动"，就是环境负债产生的根源。当前我国环境负债是与我国经济发展长期处于工业化阶段密切相关的，环境负债主要体现为工业化进程带来的对环境的各种责任和义务。因此，用人类经济社会活动导致的环境责任来明确环境负债，按照导致环境负债的经济活动差异进行分类，更便于从宏观角度确定一国或者地区的自然资源负债类型，表 2-9 列示了按照影响环境的经济活动类型分类的自然资源负债。

表 2-9 自然资源负债表（实物量、价值量）

自然资源负债分类	上年存量		本年存量	
	实物量	价值量	实物量	价值量
1　环境保护负债				
1.1　废水排放负债				
1.2　化学需氧量排放负债				
1.3　氨氮排放负债				
1.4　废气排放负债				
1.5　二氧化硫排放负债				
1.6　氮氧化物排放负债				
1.7　烟（粉）尘排放负债				
1.8　一般工业固体废物产生负债				
1.9　二氧化碳排放负债				
2　资源管理负债				
2.1　矿产和能源管理负债				
2.2　木材资源管理负债				
2.3　水生资源管理负债				
2.4　其他生物资源管理负债				

续表

自然资源负债分类	上年存量		本年存量	
	实物量	价值量	实物量	价值量
2.5　水资源管理负债				
2.6　其他资源管理负债				
3　自然气候负债				
3.1　因地震导致负债				
3.2　因海啸导致负债				
3.3　因台风导致负债				
……				

自然资源负债数据的来源，应根据一国或地区经济社会活动所带来的环境责任确定。由于环境负债所反映的应尽义务需要根据复杂因素进行评估确定，因此自然资源负债的计量记录既可以按照一定的会计政策采取适当的会计处理方法予以确认，也可以根据经验或有关资料加以估计确定，还可以按照经济领域类的影子价格进行价值评估计量。无论采用何种会计政策和会计确认计量方法，自然资源负债必须坚持权责发生制原则。比如，固体废物排放量主要与一国或地区的常住人口数量正相关，相应的固体废物排放环境负债则可以依据该地区的常住人口数量和单位人口固定废物垃圾产生量来估计确认。上述废物排放负债是社会必须承担的环境责任，若在实际中不承担或打折扣，环境负债将会持续累加到下一期。

根据前述自然资源负债的分类，可以编制自然资源负债变动表（如表2-10所示）。该表需通过实物量和价值量进行编制，以客观全面地揭示自然资源负债的变化。经济的快速发展导致环境欠账过多，并导致环境负债累积过高，使社会经济发展面临的环境债务杠杆过大，达到或接近资源环境承载能力的上限，蕴含着较高的资源环境风险，难以保持社会经济环境可持续发展目标。当前我国资源短缺、环境恶化现状已非常严重，表明环境保护负债和资源管理负债已经累积到了相当高的水平，必须增强环境保护投入和资源管理投入以减少自然资源负债。当期实际发生的环境保护投入和资源管理投入，应在自然资源资产变动表中作为自然资源资产增加量或在自然资源负债表中作为自然资源负债减少量来进行处理。

表2–10　自然资源负债变动表（实物量、价值量）

负债类别		上年数	增加		减少		本年数
			人类活动导致	自然因素导致	人类活动导致	自然因素导致	
1	环境保护负债						
	1.1　废水排放负债						
	1.2　化学需氧量排放负债						
	1.3　氨氮排放负债						
	1.4　废气排放负债						
	1.5　二氧化硫排放负债						
	1.6　氮氧化物排放负债						
	1.7　烟（粉）尘排放负债						
	1.8　一般工业固体废物产生负债						
	1.9　二氧化碳排放负债						
2	资源管理负债						
	2.1　矿产和能源管理负债						
	2.2　木材资源管理负债						
	2.3　水生资源管理负债						
	2.4　其他生物资源管理负债						
	2.5　水资源管理负债						
	2.6　其他资源管理负债						
3	自然气候负债						
	3.1　因地震负债						
	3.2　因海啸负债						
	3.3　因台风负债						
……							

3. 自然资源资产负债表列报

根据 SEEA 中对于自然资源资产账户的确认、计量，以及前述对自然资源负债的列报思路，本报告试图以联合国综合环境经济核算体系（SEEA2012）、联合国国民经济核算体系（SNA）和环境统计年报为基础，结合现阶段我国环境经济核算的状况，采用国家资产负债表的编制技术和方法手段，对自然资源资产负债表的总体框架形式进行探索，从而形成如下的自然资源资产负债表列报框架（如表 2–11 所示），为国家自然资源治理体系和治理能力现代化奠定了基础。

表 2–11 自然资源资产负债表（实物量、价值量）

自然资源资产		实物量	价值量	自然资源负债和净资产		实物量	价值量
1	能源资源			1	环境保护负债		
	1.1 煤炭				1.1 废水排放负债		
	1.2 油页岩				1.2 化学需氧量排放负债		
	1.3 石油				1.3 氨氮排放负债		
	1.4 天然气				1.4 废气排放负债		
	1.5 煤层气				1.5 二氧化硫排放负债		
	1.6 其他自然能源资源				1.6 氮氧化物排放负债		
2	矿产资源				1.7 烟（粉）尘排放负债		
	2.1 金属矿产资源				1.8 一般工业固体废物产生负债		
	2.2 非金属矿产资源				1.9 二氧化碳排放负债		
3	土地资源			2	资源管理负债		
	3.1 耕地				2.1 矿产和能源管理负债		
	3.2 园地				2.2 木材资源管理负债		
	3.3 林地（包括禁止采伐的生态森林资源）				2.3 水生资源管理负债		
	3.4 草地（包括沼泽或淡水湿地）				2.4 其他生物资源管理负债		
	3.5 商服用地				2.5 水资源管理负债		
	3.6 工矿仓储用地				2.6 其他资源管理负债		
	3.7 住宅用地			3	自然气候负债		
	3.8 公共管理与公共服务用地				3.1 因地震导致负债		

续表

自然资源资产	实物量	价值量	自然资源负债和净资产	实物量	价值量
3.9　特殊用地			3.2　因海啸导致负债		
3.10　交通运输用地			3.3　因台风导致负债		
3.11　其他土地			……		
4　林业资源（木材资源）					
4.1　森林					
4.2　林木					
4.3　其他林业资源			4　自然资源净资产		
5　水资源			4.1　生态价值		
5.1　地表水（陆地水）（不包括沼泽或淡水湿地）			4.2　经济价值		
5.2　地下水			4.3　文化价值		
5.3　土壤水			4.4　历史价值		
……			……		

自然资源净资产，是一国或地区自然资源环境的总财富。按照自然资源环境为人类提供服务功能的类型划分，上述自然资源净资产可进一步细分为：生态价值、经济价值、文化价值和历史价值。此外，自然资源净资产还与目前基于生态文明建设视角提出的生态系统生产总值（GEP）核算密切相关。从理论上看，GEP应是一个会计期间内自然资源净资产的增量，即GEP=本年自然资源净资产–上年自然资源净资产。

四、推进自然资源资产负债表编制的政策建议

（一）成立自然资源国资委，解决自然资源所有权"虚置"、所有者"缺位"问题

我国已有法律法规明文规定，对于大多数自然资源的产权属性，在立法层面已经规定其所有权属于国家（全民）和集体所有，但在实践中，由于自然资源的公共产权属性，自然资源

所有权"虚置"、所有者"缺位"现象普遍存在，自然资源过度使用，生态环境遭受破坏的"公地悲剧"不断上演。建议成立国家自然资源国资委（或管理委员会）作为自然资源的产权主体，履行自然资源最终产权所有者的主体责任和出资人职能，解决国家在自然资源所有权"虚置"、所有者"缺位"方面的问题。按照资产负债表权责发生制的要求，自然资源国资委（或管理委员会）有责任披露自然资源资产负债表、反映其受托责任。

（二）变革自然资源管理体制机制，推进自然资源行政管理改革

在我国目前的行政组织体制下，自然资源管理体制呈现出管理权分散、政出多门、信息彼此孤立、管控缺乏合力等特点，条块化、分散化的管理体制已经不适应自然资源集约化、系统化、精细化的管理需要。在此管理体制下，自然资源产权改革缺乏顶层设计，自然资源资产和权益管理缺乏统一指导，自然资源资产、负债信息凌乱分散，协调统一难度大，推进自然资源资产负债表编制难度高，全面系统反映自然资源"家底"较为困难。建议加强自然资源行政管理体制机制改革，梳理整合目前林业、水利、土地等行政管理部门的自然资源行政管理权限，推进政府自然资源行政管理改革，成立自然资源管理部际联席会议，加强政府部门在自然资源行政管理、信息沟通、数据收集上的协调统一。另外，编制自然资源资产负债表需要各部门密切配合、大力支持。各部门应充实加强编报人员力量，为高质量地开展自然资源资产负债表工作提供保障。

（三）以建立和完善自然资源台账系统为抓手，加强自然资源基础信息整合

建立和完善自然资源台账系统，为自然资源资产负债表奠定核算基础。它既是推进自然资源产权改革的数据基础和前提条件，也是预防国有（集体）自然资源资产流失的重大举措。自然资源资产负债表的主要编制主体是各级政府。对于设立专门机构承担明确责任的自然保护区、生态保护区、生态林区、水源涵养区等主体功能区或者国家公园，也可以单独作为自然资源资产负债表的编制主体。对于其他经济责任主体，可以在其会计报表中设置专门账户对其自然资源资产、负债或权益进行单独反映。各地区统计局汇总各主体上报的自然资源资产、负债和权益信息，形成该地区全面系统的自然资源资产负债表。

（四）建立自然资源经营权交易市场，优化自然资源配置

继续深化自然资源产权改革，理顺自然资源所有权、管理权和经营权的关系，推动自然资源"三权"适当分离。推行自然资源产权登记和使用许可证制度，建立自然资源经营权交易市场，盘活自然资源存量资产，激活自然资源"经营权"市场，鼓励和推动自然资源的运营、经营由事业单位等非营利组织和企业承担，最大程度提高自然资源管理和生态环境保护的绩效。

推动自然资源所有权、管理权和经营权逐步适当分离，既有利于加强自然资源管理和环境保护，推动自然资源利用、管理、保护和消耗的协调统一，也有利于通过产权流转实现自然资源的优化配置；与此同时，在自然资源的各种产权流转过程中，一定程度上实现了自然资源资产证券化，既可以有效提高

政府资金的流动性，实现"盘活"资本存量的目的，还在一定程度上为化解政府债务负担提供了出路。

（五）客观认识自然资源资产负债表的功能，科学准确地理解自然资源资产负债表的编制及披露目的

自然资源资产负债表既是"评价报表"，也是"管理报表"和"决策报表"。自然资源资产负债表可以有效增强政府官员的环境责任意识，使地方官员在对自然资源开发利用时，更加注重经济、社会、生态三种效益的协调统一，破除唯GDP论。理论界普遍认为，编制资产负债表的目的一是反映受托责任，二是提供决策有用信息。当前，自然资源资产负债表是公众评价领导干部履行自然资源管理和环境保护责任的信息披露载体，主要目的是向公众反映政府在自然资源上的受托责任，揭示其在自然资源管理和利用保护方面的成效。因此，现阶段自然资源资产负债表主要是反映受托责任的"评价报表"。在此基础上，通过对自然资源资产负债表的分析应用，可为制定自然资源管理和环境保护政策措施提供有用的决策信息，以此发挥其"管理报表"和"决策报表"的功能。

通过自然资源资产负债表分析，可以看出各地经济发展方式转型和升级的进展情况。简单来看，第一、第二、第三产业对自然资源的耗费、利用以及所产生的环境责任明显不同，势必充分反映在自然资源资产负债表上。通过自然资源资产、负债和权益的变化趋势分析，可以揭示出一个地区经济发展、产业结构和社会发展对自然资源的综合影响，自然资源资产负债表可以全面综合考察地方社会经济发展方式转型和生态文明建设的成效和程度。

（六）以动态视角重新认识自然资源，改进数据收集、信息监测技术

在传统观念中，自然资源往往作为生产生活要素进入人类社会经济活动中，自然资源是一种静态的生产生活资料投入。重新认识自然资源，就是要将自然资源开发利用看成自然资源物质流、资源流和信息流"循环"的一个环节，综合评判自然资源"循环"流转对人类社会的整体影响。以动态视角认识自然资源的开发利用过程，可以使自然资源的流动更有利于人的全面可持续发展。

改进自然资源数据收集、信息监测技术，一是应增强自然资源数据收集和信息监测工作，在完善自然资源基本数量信息收集的基础上，加强对自然资源质量的数据收集，弥补资源数据空白，同时还应该及时反映自然资源开发利用的动态变化；二是要改进自然资源数据收集和信息监测的方法，突破单纯以静态监测为主的方式方法，充分利用信息技术的快速发展，加强动态监测，提高监测频度和效率。

（七）颁布自然资源会计准则、会计政策应用指南和解释，为自然资源会计报告提供法律规范和操作依据

企业会计准则中已有对进入经济系统的自然资源的核算准则，目前《企业会计准则第 5 号——生物资产》和《企业会计准则第 27 号——石油天然气开采》已是企业会计准则的重要组成部分。由于自然资源涵盖范围广泛，在会计准则体系（企业会计准则、应用指南、准则解释）中，建议根据自然资源核算的实际情况进行更具针对性的会计准则和会计政策说明、指引。当前，可以在生物资产、石油和天然气开采准则之外，积极研究并适时推出森林资源、矿产资源、水资源和土地资源会

计准则,并发布相关会计政策指引。同时,研究推出自然资源会计核算概念框架,就自然资源会计报告主体、目标、质量属性、要素定义、自然资源会计报告要素的确认、计量以及自然资源会计报告审计和信息披露等事项进行说明和规范。

第三章 自然资源资产负债表的报表体系与分析方法探索

——报表编制和分析方法

一、问题的提出

中共十八届三中全会通过的《中共中央关于全面深化改革若干重大问题的决定》中提出:"探索编制自然资源资产负债表,对领导干部实行自然资源资产离任审计,建立生态环境损害责任终身追究制。"按照中共十八届三中全会文件解读,自然资源是指天然存在、有使用价值、可提高人类当前和未来福利的自然环境因素的总和。自然资源资产是指其中具有稀缺性、有用性(包括经济效益、社会效益、生态效益)及产权明确的自然资源。自然资源资产负债表是用国家资产负债表的方法,将全国或一个地区的所有自然资源资产进行分类形成报表，显示某一时点上自然资源资产的"家底"。①《决定》突破了传统经济核算观念，树立了全新的生态价值观、绿色财富观。

国家发改委、财政部等几部委日前联合下发通知，要求各地开始申报国家生态文明先行示范区。未来成为示范区的地区，将率先探索编制自然资源资产负债表。② 根据笔者掌握的已公开材料，至少包括广东省、贵州省、江西省、青海省、内蒙古自治区5个省（自治区）及重庆市、深圳市等数个城市在2014年重点任务或折子工程中均提到了要"编制自然资源资产负债表"。国土资源部也将"探索编制自然资源资产负债表"作为2014年的"十大任务"之一。③

自然资源资产负债表是一个崭新的课题。即便是国家资产负债表的编制，也还处于研究和探讨阶段，不同研究机构的编制口径、方法和结果都存在相当大的差异，④ 依托"国家资产负债表方法"的自然资源资产负债表编制和应用更是一个难题。目前，不管是国内还是国外，都没有相对成熟并可供实践的方法。

鉴于此，本报告探索自然资源资产负债表的编制以及相应的报表分析，以求有益于自然资源资产负债表实践。

---

① 中共中央关于全面深化改革若干重大问题的决定辅导读本［M］.北京：人民出版社，2013.
②《关于印发国家生态文明先行示范区建设方案（试行）的通知》，发改环资［2013］2420号.
③ 各地区和部委2014年度政府工作报告.
④ 朱毛斋.三份资产负债表传递的中国债务信息［J］.香港经济导报，2013（2）.

二、已有的研究和实践

从已有的研究和实践来看,"自然资源资产负债表"的提法基本没有,但"自然资源核算报表"的称谓较为常见。挪威是较早开展自然资源核算和报表编制的国家,在 1979 年就开始了生物资源、水资源、环境资源、土地、空气污染的核算研究工作,建立起了包括鱼类存量核算、森林存量核算、空气排放、水排泄物、废旧物品再生利用、环境费用支出等项目的详尽统计制度,并在 1987 年提交了《挪威自然资源核算研究报告》。[①] 法国自然资源核算委员会提出了有关环境资源的经济、社会和生态功能的核算原则和方法,建立了森林资源、动植物资源和内陆资源的试验性实物核算账户。[②] 联合国统计署(Unstat)2002 年发布了绿色核算体系框架和绿色核算体系——联合国综合环境经济核算体系(SEEA),在 SEEA 中,环境费用和效益、自然资源资产以及环境保护支出等被综合成一个国民经济核算体系的卫星账户,以一定的逻辑关系进行数据的编排,并尝试建立与联合国国民经济核算体系(SNA)之间的数据关联。[③] 在理论研究方面,Leontief[④] 和 Victor[⑤] 尝试将资源环境纳入国民经济核算体系,运用投入产出模型对自然资源数

[①] 张芳. 农业自然资源价值及核算研究 [M]. 北京:中国农业出版社,2011.

[②] 雷明等. 中国资源经济环境绿色核算 1992~2002 [M]. 北京:北京大学出版社,2010.

[③] 联合国,欧洲委员会,国际货币基金组织,经济合作与发展组织等. 综合经济核算 2003 [R]. 高敏雪等译.《国民经济核算操作手册译丛》编译委员会,2003.

[④] Leontief W.. Enviromental Repercussions and the Economic Structure: An Input-output Approach [J]. Review of Economics and Statistics, 1970, 52(3): 262-271.

[⑤] Victor P. A.. Pollution: Economy and Environment [M]. Toronto: University of Toronto Press.

量和价值量进行分析，把自然资源恢复量、残余物排放视作常规经济活动产品，把自然资源的消耗利用与产出纳入传统的投入产出框架之中，建立了包含自然资源在内的国民经济投入产出表。雷明、李方继承 Leontief 的复合核算思想，把以 SNA 为基础的国民经济主体核算和以实物量核算为基础的资源环境核算联系起来，建立了资源—环境绿色投入产出表，从经济活动对资源环境的消耗和占用两个方面，反映经济系统和资源环境的关系。[①] 杨世忠、曹梅梅提出了宏观环境会计核算体系框架构想，提出了环境资产变动表、环境资产负债表和环境损益表基本框架。[②] 中国国家统计局发布的《中国国民经济核算体系(2002)》将自然资源数量增减变动表作为附表之一。

总体而言，通过以上的研究和实践，在自然资源实物量的存量和流量核算及单独报表体系方面已经相对成熟。在自然资源的价值量核算与报表反映，以及自然资源报表与国民经济核算报表之间的相互嵌入方面，虽然提供了有益的理论模型和分析框架，但在数据搜集、价值量估算、整合平衡方面还存在不小的操作难度。

三、报表体系设计理论分析

理论上理想的自然资源资产负债表，要全面反映自然资源自身以及自然资源和国民经济之间的数量和价值量变动。这是一项具有前瞻性、创新性和挑战性的工作，会面临很多困难。

[①] 雷明，李方. 中国绿色社会核算矩阵编制［J］. 经济科学，2006（3）.
[②] 杨世忠，曹梅梅. 宏观环境会计核算体系框架构想［J］. 会计研究，2010（8）.

考虑到现实需要的迫切性,应该遵循先易后难、循序渐进的原则。编制自然资源资产负债表,当前要以满足绩效考核和离任审计工作为目的,逐步过渡到全面促进自然资源、环境保护和生态文明建设,不能追求一步到位。基于此,本报告尝试对自然资源资产负债表的报表体系进行理论分析。

(一)计量单位应当是数量、质量和价值三方面并举

有别于会计报表"价值计量为主"的列报方式,自然资源资产负债表应该是"数量、质量和价值并重"。自然资源"数量"列报是最为成熟的,需要在自然资源资产负债表中列示自然资源的期初存量、本期增量(按照增加类型明细列报,例如新培育、新发现、自然增长、分类变化增长等)、本期减少量(按照减少类型明细列报,例如开发利用、自然减少、人为损失、分类变化减少等)和期末存量。不仅要关注自然资源资产的数量变化,更要关注一些自然资源资产质量变化,如水环境质量、空气环境质量、土壤环境质量变化情况。质量列报只需要列示期初值和期末值即可。质量列报需要明确自然资源的质量衡量指标,这方面目前也有不少成果,例如水质量衡量指标包括:富营养成分(总磷、无机氮等)、浑浊度、含盐量、酸度、溶氧量;空气环境质量指标包括:二氧化硫含量、总悬浮颗粒物量、可吸收颗粒物量、氮氢化物含量;土地质量衡量指标包括:土壤层关键矿物质构成、酸碱度、重要元素含量等。[①]逐步扩大自然资源"价值"计量范围是自然资源资产负债表完善的一个趋势。但是相对于数量和质量计量,当前全面价值计

---

① 徐渤海. 中国环境经济核算体系(CSEEA)研究 [D]. 中国社会科学院博士学位论文, 2012.

量的必要性和可行性都并不非常紧迫，一是由于有了数量和质量计量，基于自然资源资产负债表的审计和绩效考核基本上具备了基础；二是由于全面价值计量需要自然资源产权制度和交易制度的重大突破，以及自然资源估值体系的健全与完善，这非一日之功，硬性全面"价值"化，不符合客观实际；三是由于《决定》提到"完善自然资源的有偿使用和建立自然资源的补偿制度"，有偿使用和补偿都需要进行价值计量，但基于有偿使用和补偿的价值计量可以通过针对单项自然资源的专业评估去解决，不一定非得在自然资源资产负债表中解决。即便在报表中进行了自然资源的价值列示，单项自然资源转让和补偿时依旧需要进行专项评估（这一点和企业资产转让时不能依据报表数、必须进行专项评估是一致的）。关于需要进行价值列示的自然资源范围，还是应当围绕"绩效考核"这一报表目的来确定，至少自然资源资产负债表的"负债"项目是必须进行价值列示的。具体到某项自然资源是"数量、质量、价值"三种计量方式俱全还是只有其中的一项或两项，还是要从报表使用目的和数据可获得性出发来具体确定，不一定非得统一。

（二）暂时可不追求严格的报表平衡关系

按照会计报表中资产负债表的定义，应当要存在"资产=负债+净资产（权益）"的平衡关系的，用会计术语来讲就是"有借必有贷，借贷必相等"。这一平衡关系在企业资产负债表和国家资产负债表中都是存在的，但作为自然资源资产负债表，追求报表内容数据之间的关系平衡可能非常困难。首先，会计报表中的平衡关系，是针对特定主体的经济关系而言的，是经济主体经济活动的一种价值计量和结果反映。但自然资源资产在许多情况下是天然的、还没有进行交易和计量的，从一开始就不存在对方科目，只有在交易或者使用的时候，才存在交易对方和价值平衡关系，因此追求平衡关系是比较困难的，至少需要许多特殊规定。其次，许多自然资源资产目前还很难用单一的价值量来计算，目前还缺少成熟的、能够用来进行绩效考核的价值计量方法，如果存在不可量化的环节或者过程，自然资源资产负债表所统计的内容就很难建立起价值量之间的平衡关系。因此，追求自然资源资产负债表数据之间的平衡关系，目前时机还不是很成熟。随着自然资源资产产权交易制度的建立和资产证券化、商品化、市场化的发展，过去一些不可计量的项目会逐渐变得可以计量，价值量角度的资产负债表的平衡关系有可能在未来逐渐建立和完善。但从目前现实情况和基础工作来看，将自然资源资产负债表定位为"管理报表"，而不是"会计报表"，可能更加合理一些。定位为管理报表之后，在一些科目的数据之间能够建立平衡关系的可以尽量争取实现，不能建立平衡关系的也应当根据需要进行统计和列报。

（三）存量统计与流量统计可以一并考虑

在会计报表中，用资产负债表反映"存量及其变化情况"，用利润表和现金流量表反映一个时期的"流量"情况。那么，编制自然资源资产负债表，是否需要同时编制反映一个时期变化的流量报表？随着理论研究和统计实践的不断发展和完善，我们也可以考虑建立一个比较完整的存量和流量统计体系，但在目前情况下，应该紧紧围绕自然资源资产负债表的编制目的，主要列报绩效考核所要求的关键存量和关键流量数据。例如污染物排放量，这是一个流量数据，它与自然资源资产存量之间并没有明确的数量关系，但为了满足考核的需要应当列报。再如自然资源使用权、污染物排放权收入及与自然资源相关的税费收入等也应该列报,节能环保投入、自然资源人为破坏形成的损失等流量数据也应当列报。如果按照我们前面关于自然资源资产数量统计的要求,每个项目除了列报期初数和期末数之外,还要列报当期增加数和当前减少数,主要的流量数据也就统计在其中了。今后如果条件成熟,也可以单独核算流量数据,编制独立的流量报表。

四、编制自然资源资产负债表的报表体系设计

基于以上思路,本报告提出自然资源报表体系框架,共分为数量表、质量表和价值量表三类。

(一)数量表

数量表包括自然资源增减变动表(如表3-1所示)、自然资源经济消耗表(如表3-2、表3-3所示)。

自然资源增减变动表反映自然资源的期初存量、本期各类增减量,以及期末存量,是在国家统计局国民经济核算体系2002的附属报表——自然资源实物量表的基础上适当调整得到的。

表3-1 自然资源增减变动表

序号	项目	资源1	资源2	资源3	……
1	一、期初存量				
2	二、本期增加				
3	(一)自然增加				
4	(二)经济发现				
5	(三)人工培育或恢复				
6	(四)分类结构变化引起的增加				
7	(五)其他因素引起的增加				
8	三、本期减少				

续表

序号	项目	资源1	资源2	资源3	……
9	（一）自然减少				
10	（二）经济使用				
11	（三）人为破坏及灾害损失				
12	（四）分类结构变化引起的减少				
13	（五）其他因素引起的减少				
14	四、调整变化				
15	（一）技术改进				
16	（二）改进测试方法				
17	（三）其他				
18	五、期末存量				

在表3-1中第2列至第13列"增加"和"减少"项中，有些项目是针对森林等可再生资源的，例如"自然增加"和"自然减少"，不可再生资源可不填列。在实践中，可将每一资源大类再分成若干子项，分别填列，例如土地资源可以分为农业用地、工业用地、房地产建筑用地、其他用地；森林资源可以分为人造林、天然林、其他林；矿产资源可以分为能源矿、金属矿、非金属矿、其他矿；水资源可以分为地表水、地下水等。

自然资源经济消耗表反映自然资源进入国民经济循环后，各行业耗用的自然资源量，分别如表3-2和表3-3所示。

表3-2　自然资源经济消耗表1（全部资源）

序号	自然资源类型	经济行业分类								合计
		农业	林业	牧业	渔业	纺织	造纸	冶炼	化工	……	
1	自然资源1									
2	自然资源2									
3	自然资源3									
4	自然资源4									
5	……									

表 3-3 自然资源经济消耗表 2（单项资源）

序号	项目	经济行业分类									合计
		农业	林业	牧业	渔业	纺织	造纸	冶炼	化工	……	
1	直接取自自然环境的资源										
2	取自其他经济行业的资源										
3	供给其他经济行业的资源										
4	回归或排入自然环境的自然资源										
5	自然资源使用量										

表 3-2 反映的是各类自然资源在各行业的消耗量，从勾稽关系上，每类资源的总消耗量等于表 3-1 中该类资源的"经济使用量"（见表 3-1 序号 10）。表 3-3 反映单项资源在自然环境和经济体系之间的流量，也反映该资源在经济体系各行业之间的流量，最终反映该资源总消耗量，从勾稽关系上，第 5 行=第 1 行+第 2 行-第 3 行-第 4 行。第 5 行和表 3-2 中该资源对应行的数据相等。

（二）质量表

质量表反映自然资源期初、期末质量状况和期间质量变动。目前，水资源、土地资源、森林资源、大气环境资源都有可行的质量检测指标，可以根据质量状况将每种资源分成优、良、中、差或一、二、三、四等类别，根据类型占比的变化反映质量变动趋势。

除了表 3-4 自然资源质量变动表外，对影响自然资源质量的各项污染物排放情况及治理情况也要予以反映（见表 3-5）。表 3-5 一定程度上解释了表 3-4 的结果，是自然资源质量变动的重要原因。

表 3-4 自然资源质量变动表（××资源）

序号	资源名称	项目	1类	2类	3类	4类	5类
1	资源1	期初存量					
2		期末存量					
3		期初-期末					
4		变动率					
1	资源2	期初存量					
2		期末存量					
3		期初-期末					
4		变动率					
1	资源3	期初存量					
2		期末存量					
3		期初-期末					
4		变动率					

表 3-5 影响自然资源质量的污染物排放和治理情况表

行业	排放							治理		
	污水排放量（万方）	水Cod排放量（吨）	水氮氧排放量（吨）	大气二氧化硫排放量（吨）	大气氮氧排放量（吨）	工业固体废物排放量（吨）	生活垃圾排放量（吨）	达到规定标准的污水处理量（吨）	工业固体废物综合利用量（吨）	生活垃圾无害化处理量（吨）
农业										
林业										
牧业										
渔业										
造纸										
机械										
化工										
冶炼										
……										
合计										

（三）价值量表

价值量表包括政府自然资源相关收入与支出表（如表 3-6 所示），以及政府自然资源相关资产负债表（如表 3-7 所示）。

表 3-6　政府自然资源相关收入与支出表

序号	项目	资源1	资源2	资源3	……	合计
1	政府自然资源相关收入					
	其中：					
1.1	使用权转让收入					
1.2	税费收入					
1.3	政府投资的自然资源企业国有股权分红收入					
1.4	其他收入					
2	政府自然资源相关支出					
	其中：					
2.1	发现支出					
2.2	培育支出					
2.3	维护与治理支出					
2.4	自然资源相关固定资产折旧支出					
2.5	其他支出					
3	政府自然资源相关净收入					

由于自然资源无偿使用情况在现实经济中大量存在，价值量表仅反映在自然资源使用、管理、交易等环节，政府与其他经济体之间实际发生的、在政府核算报表上体现的各类收支和现实存在的资产负债。也就是说，本价值量表上反映的价值量，均是实际发生或已经形成的价值量，不存在自然资源价格的评估和测算。之所以这样安排，一是尽可能减少核算的不确定性，进而减少考核和审计的人为主观；二是围绕考核与审计主体（地方政府）确定核算范围，减少核算量，避免冗余信息。本报告提出的资产负债表和收支表，紧紧围绕被审计和考核主体——地方政府，只核算与自然资源相关的可客观量化部分。

在表 3-6 的收入栏中，使用权转让收入是指政府让渡自然资源使用权所获得的收入。例如土地使用权收入，矿产勘探权、开采权收入，森林开采权收入，水使用权收入；税费收入，例如排污费收入、各种资源税收入等。政府投资的自然资源企业国有股权分红收入是指接受社会购买服务和市场化运作的污水处理企业、垃圾处理企业、土壤修复企业等资源保护型企业中，政府所持国有股部分的分红收入。发现支出是指政府为了发现增量自然资源而发生的支出；自然资源相关固定资产折旧支出是指政府投资形成、在政府报表上体现的自然资源保护专项固定资产的折旧。

表 3-6 中收入越高，说明政府有偿使用自然资源的市场化收费机制越健全；支出越高，说明政府在自然资源发现、保护和治理方面的投入越大。净收入仅仅是反映收支缺口，其高低并不能说明政府自然资源绩效。

表 3-7　政府自然资源相关资产负债表

序号	项目	资源 1		资源 2		资源 3		资源 4	
		期初数	期末数	期初数	期末数	期初数	期末数	期初数	期末数
1	自然资源相关政府资产								
	其中：								
1.1	自然资源收入或支出专户中的货币资金								
1.2	自然资源保护、治理和培育过程中形成的专项固定资产								
1.3	自然资源保护、治理和培育过程中形成的专项在建工程								
1.4	自然资源保护、治理和培育过程中形成的其他专项资产								
1.5	自然资源相关国有企业股权资产								
2	自然资源相关政府负债								
	其中：								
2.1	上级拨付专门用于自然资源保护和利用的、未使用的专项拨款额度								

续表

序号	项目	资源1		资源2		资源3		资源4	
		期初数	期末数	期初数	期末数	期初数	期末数	期初数	期末数
2.2	按照自然资源保护和治理规划（计划）所计提的专项基金								
2.3	为自然资源保护和综合治理投资而产生的专项贷款								
2.4	其他								

表 3-7 资产项中的自然资源收入或支出专户中的货币资金，是指存储在政府自然资源专户（收入户或支出户）中，只能用于自然资源保护用途的现金和银行存款；自然资源保护、治理和培育过程中形成的专项固定资产，自然资源保护、治理和培育过程中形成的专项在建工程，自然资源保护、治理和培育过程中形成的其他专项资产，都是政府在自然资源保护与治理活动中，投资形成的、在政府核算表上反映的各类专项资产；自然资源相关国有企业股权资产，是指接受社会购买服务、市场化运作的资源保护型企业（污水处理企业、垃圾处理企业、土壤修复企业等）中，政府所持国有股部分的资产价值。表 3-7 中的负债项，不是自然资源业务的"推定负债"，"推定负债"不好衡量，不在报表上体现，本报表体现的是实际负债，主要指上级拨付的专门用于自然资源保护和利用的未使用的专项拨款、按照自然资源保护和治理规划（计划）所计提的专项基金、自然资源治理投资专项贷款三部分。

政府自然资源相关资产与负债表，只是将政府资产负债表中与自然资源管理相关的现实资产和负债进行的辨识、确认和单独列示。资产和负债不一定存在平衡关系。资产大，说明政府在自然资源保护治理方面的累计投入高；负债大，并不说明政府在自然资源保护方面的"欠账多"，而是说政府未来的预计投入高，或者是已投入资产的资金来源中负债高。

（四）报表体系的综合说明

以上三类6张报表，说明了自然资源的自然存量和质量、整体流量以及其中的经济流量；说明了自然资源的责任主体——政府在自然资源管理活动中产生的现实收支、资产和负债。报表体系基本涵盖了现有统计和核算体系中与自然资源相关的各类重要信息，具有全面性和数据可获得性。报表体系揭示了自然资源审计的责任主体——地方政府在自然资源管理中的全部经济信息，以及国民经济活动和政府管理活动中自然资源的基本状况信息，是绩效考核和审计中的重要数据基础。表3-8揭示了自然资源绩效考核核心问题与相应报表的对应关系。

表3-8 自然资源绩效考核核心问题与相应报表的对应关系

序号	自然资源管理的核心问题	对应的报表
1	有多少自然资源，变动情况如何	自然资源增减变动表3-1
2	各个行业消耗了多少自然资源	自然资源经济消耗表3-2、表3-3
3	自然资源质量现状及变动情况如何	自然资源质量变动表3-4
4	影响自然资源的污染物排放情况如何	影响自然资源质量的污染物排放和治理情况表3-5
5	政府在自然资源治理保护方面的专项资产规模如何？用于自然资源保护支出的专项资金额度如何？	政府自然资源相关收入与支出表3-6
6	政府在自然资源治理方面当期的收入和支出情况如何	政府自然资源相关资产负债表3-7

五、基于 PSR 模型指标体系的报表分析

自然资源资产负债表直接服务于地方政府自然资源管理绩效审计，以及基于绩效审计的业绩考核。在审计中，一是要对报表体系中各种数据来源的真实性进行复核；二是要在报表数据的基础上提炼出相应的绩效指标，围绕绩效指标进行业绩评价。本报告在上述报表基础数据的基础上，借鉴环境资源评价的 PSR 模型，提出围绕报表的指标体系及相应的分析方法。

（一）PSR 模型的原理

PSR 模型，即压力（Pressure）、状态（State）和响应（Response）模型。是环境质量评价学科中常用的一种评价模型，最初由加拿大统计学家 David J.Rapport 和 Tony Friend（1979）提出，后来成为经济合作与发展组织（OECD）和联合国环境规划署（UNEP）用于研究环境问题的框架体系。[①] PSR 模型建立了"压力→状态→响应"这一资源环境问题的基本思维逻辑，体现了人类与环境之间的相互作用关系。人类的经济活动要消耗大量的资源并向环境排放废弃物，形成对生态环境的压力（P），从而改变了自然资源储量与环境质量状况（S），而针对自然和环境状态的变化，出于可持续性发展的考虑，要通过环境政策和经济政策，通过有意识的行为对这些变化做出反应（R）。如此循环往复，构成了人类与环境之间的"压力→状态→响应"关系，如图 3-1 所示。PSR 模型广泛地应用于区

[①] OECD. 环境绩效评估 [M]. 北京：中国环境科学出版社，2007.

域环境可持续发展指标体系研究，水资源、土地资源指标体系研究，农业可持续发展评价指标体系研究以及环境保护投资分析等领域。

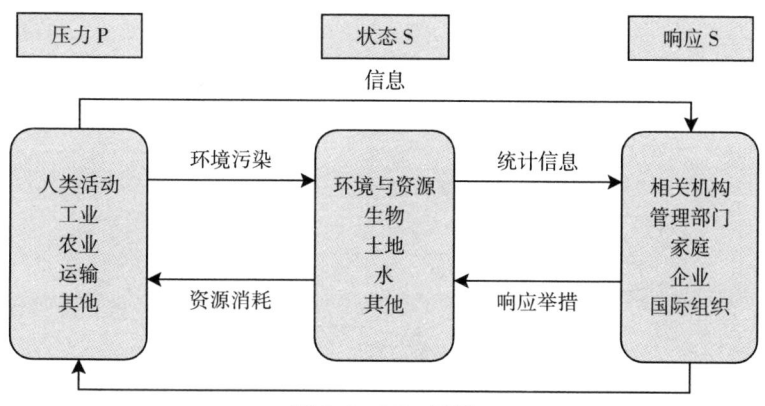

图 3-1 PSR 模型

该模型包含三类指标，即压力指标、状态指标和响应指标。其中，压力指标反映人类经济和社会活动对环境的作用，如资源索取、物质消费以及各种生产经济活动物质排放等对环境造成的破坏和扰动；状态指标表征特定时间阶段的资源状态和环境变化情况；响应指标指如何行动来减轻、阻止、恢复和预防人类活动对环境的负面影响，以及对已经发生的不利于人类生存发展的生态环境变化进行补救的措施。

PSR 模型提供了人类活动与资源环境生态相互作用的三个维度，三个维度彼此平衡，才能形成经济活动和生态资源的良性循环。从资源环境管理角度看，P 和 R 侧重反映资源环境管理过程以及资源环境状态变化原因，S 侧重反映资源环境状态变化的结果。资源环境管理的逻辑链条体现在：要通过自然资源的高效利用和减少污染物质排放尽可能减少资源环境压力（减少 P），同时要加大资源环境保护和治理力度（正向 R），最终使得资源环境状况得以保持或改善（正向 S）。反过来，如果自然资源利用低效、污染物排放持续加大（加大 P），而环境和资源治理又不得力（反向 R），资源环境状况就无法维持乃至于恶化（反向 S），如图 3-2 所示。

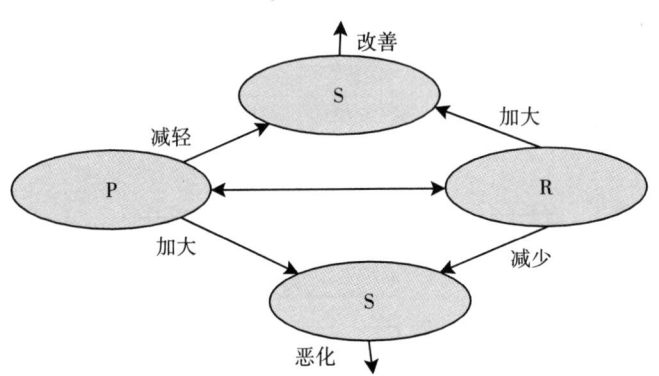

图 3-2 P、S、R 相互作用机理

基于 PSR 建立资源环境绩效审计评价指标体系，最大的优势就是能够清晰体现出资源环境管理工作的最终结果（S）以及影响结果的各种动因（P 和 R），将地方政府提高资源有效利用、减少污染物排放、加大资源环境治理等几项重点资源环境保护工作和区域资源环境状况变动情况有机结合在一起，勾画出资源环境管理工作的逻辑链，体现各项工作之间的平衡和互动。就像平衡计分卡 BSC 可以作为企业绩效评估的重要工具一样，PSR 也可被视为地方政府资源环境绩效管理的"平衡计分卡"。

（二）PSR 指标体系构筑

1. 压力（P）指标

从自然资源消耗利用角度构筑自然资源压力指标，从污染物排放角度构筑自然环境压力类指标。考虑到各个地区经济总量不同，计算单位 GDP 自然资源消耗值和污染物排放值。

$$自然资源使用消耗率（P）= \frac{当期自然资源使用消耗量}{当期 GDP}$$

自然资源使用消耗率越高，说明经济活动对自然资源的压力越大。

$$污染物排放率（P）= \frac{当期污染物排放量}{当期 GDP}$$

污染物排放量越大，说明经济活动对自然资源的压力越大。

以上指标可以按照资源类别或者污染物类别分别计算，然后加权平均计算指标值。P 指标为逆向指标，即指标值越低，越有利于自然资源和环境状态的改善。

2. 响应保护（R）指标

从自然资源保护资金投入程度角度评价对自然资源状态改变的响应：

$$自然资源保护资金投入率（R）= \frac{当期自然资源保护投入}{当期 GDP}$$

还可以分别从环境污染治理投入、固废处理、水处理三个角度构筑自然环境保护响应类指标：

$$环境污染治理投入率（R）= \frac{当期环境污染治理投入}{当期 GDP}$$

$$固废处理率（R）= \frac{当期固废处理（利用）量}{当期固废产生量}$$

$$污水集中处理率（R）= \frac{经过二级或二级以上处理达标的城市污水量}{城市生活污水排放总量}$$

R 指标为正向指标，即指标值越高，越有利于自然资源和环境状态的改善。

3. 状态变化（S）指标

自然资源状态改变主要体现在自然资源存量变化上。但自然资源存量变化往往比较复杂，既有人为原因，又有自然因素，在设计指标时，应尽可能将非人为的自然因素排除在外，使指标值主要反映人为影响。根据自然资源增减变动表，自然资源存量增加因素可以分为：自然增加、经济发现、人工培育与恢复、分类与结构变化、其他；自然资源存量减少因素可以分为：自然减少、经济使用、人为破坏和损失、分类与结构变化、其他。以上影响自然资源存量的增加和减少的因素中，经济发现与经济使用、人工培育恢复与人为损失破坏是责任人可以施加影响的数据，可以用来构筑自然资源存量保持责任方面的评价指标。指标如下：

$$资源净发现率（S）= \frac{资源新发现储量 - 资源开采使用量}{资源期初存量}$$

$$资源净培育率（S）= \frac{资源人工培育恢复量 - 资源人为破坏损失量}{资源期初存量}$$

当然，综合了人为和自然两个因素的自然资源净增长情况也可以构筑指标，作为以上两个指标的辅助参照，权重小一些即可。

$$自然资源增长率（S）= \frac{资源期末存量 - 资源期初存量}{资源期初存量}$$

自然环境状态改变还体现在质量改变上：

$$自然资源质量改善率（S）= \frac{期末质量系数 - 期初质量系数}{期初质量系数}$$

上式中的质量系数可采用一定级别以上自然资源占全部百分比（如水资源中二类以上占全部的百分比）计算。

S 指标为正向指标，即指标值越高，说明自然资源和环境状态的改善程度越高。

以上只是 PSR 的基本框架，基本数据均来自自然资源资产负债表体系，结合自然资源审计和绩效评估的需要，PSR 指标体系可以从以下几个方面进一步加以丰富和系统化：一是按照不同的资源和环境类型构筑各自的 PSR 指标，例如森林资源 PSR、矿产资源 PSR、大气 PSR 等，使资源环境绩效评价更具针对性和细化，在分项评价的基础上再统计汇总后进行综合评价；二是可以进一步扩充指标范围并进行指标的优选和调整。PSR 全面反映了人类经济活动和资源环境变化的互动关系，每一类指标都具有较广的包容性，可以根据不同阶段资源环境管理侧重和审计工作导向去进行指标的增加、调整和重新组合，例如在 R 方面，地方政府资源有效利用和环境保护法律法规的健全和执行情况、专门管理机构和岗位的建立及有效运行情况、产业结构调整目标达成情况、重点环保项目计划完成情况等，在具备量化条件并具备较强的客观性时，都可纳入进来。

（三）PSR 指标体系的分析思路

PSR 指标体系的结果用于说明地方官员任期内环境保护和资源利用的绩效，是地方官员资源环境责任履行情况的评价依据。该体系的分析思路有以下四个方面：

1. 纵向历史数据对比分析

一是本任期数据和上任期数据对比；二是任期内各年数据变动对比。通过对比，可以说明被评价地方政府领导在减轻资源环境压力、加大资源环境保护响应力度，以及最终资源环境状态改善三方面的工作绩效是否比前任更出色，或者任期内各年度是否有所提高或降低。

2. 横向标杆数据对比分析

一是选择标杆地区进行对比；二是与各地区平均水平作对比。通过对比，说明被评价地区资源利用与环境保护绩效方面的横向水准和相应的名次。

3. 综合绩效评价

综合绩效评价是指利用一定的数理统计手段计算出以上指标的综合值，从而便于不同地区、不同时期的资源环境总体绩效水平对比。综合绩效评价步骤包括：首先，对量纲不同的各个指标进行标准化处理，换算成统一量纲（相对化处理方法是统一量纲的常用方法，例如对于正向指标，以指标值除以全国最高值，对于逆向指标则以全国最低值除以指标值，就可以实现不同量纲的统一化）；其次，采用专家打分法、层次分析法（AHP法）、主成分分析法等统计手段，为各个指标赋权；最后，根据权重计算出每个地区的资源环境综合绩效分值。同时，还可以计算出每个地区的P指标综合分值、R指标综合分值和S指标综合分值。

4. PSR 互动分析

PSR互动分析是指计算出任期内各年度的P、S、R综合分值后，在坐标图上描绘出P、S、R的变动曲线，基于P、S、R相互间的作用关系，根据三条曲线的增减变动趋势，判断地方政府资源环境工作的合理性和效率效果。

在PSR指标体系中，P和R反映了过程和动因，S反映了结果，R和S是正向指标，P是逆向指标。表3-9显示了基于P、S、R增减趋势的不同组合及评价情况。

表 3-9 基于 P、S、R 增减趋势的不同组合及评价

序号	变动趋势组合	评价分值	备注说明
1	S↑P↓R↑	5	过程适当（P↓R↑），结果改善（S↑）
2	S↑P↑R↑	4	过程部分适当（P↑R↑），结果改善（S↑）
3	S↑P↓R↓	4	过程部分适当（P↓R↓），结果改善（S↑）
4	S↑P↑R↓	待分析	过程均不适当，结果改善
5	S↓P↓R↑	待分析	过程均适当，结果不佳
6	S↓P↑R↑	1	过程均不适当，结果不佳
7	S↓P↑R↓	2	过程部分适当，结果不佳
8	S↓P↓R↓	2	过程部分适当，结果不佳

以上评价中 5 分为最高值，1 分为最低值。还有两种状态（第 4 和第 5），如果不结合其他定性原因分析则无法评价。当然，这只是逻辑上的简单推理，只是提供了一种分析框架参照，实际工作中还要具体问题具体分析。

第四章　自然资源概念及其分类

一、自然资源的概念

"自然资源"是人类生产活动中都要涉及和参与的物质，是人类赖以生存的物质基础和前提条件。按照环境经济学的定义，所谓自然资源是由人发现的蕴藏于自然界中的有用途和有价值的物质。[①] 从该定义来看，自然资源具有以下几个特点：一是具有价值。例如深埋在自然界中不为人类发现且没有价值的物质则不能构成资源。二是具有稀缺性。无处不在、取之不尽、用之不竭的物质不能构成资源，例如空气等。有些物质虽然从前并不具有稀缺性，但随着经济利用的程度加深，由不存在价值的物质转化成了具有稀缺性、具有经济价值的资源。譬如水资源、清洁空气等。

---

① [美] 阿兰·兰德尔. 资源经济学——从经济角度对自然资源和环境政策的探讨 [M]. 施以正译. 北京：商务印书馆，1989.

二、自然资源的划分

基于自然资源的耗竭性和稀缺性，联合国将资源核算账户作为联合国综合环境经济核算体系（SEEA）的重要组成部分之一，对自然资源核算进行理论及方法上的探讨，并试图建立起关于自然资源的核算框架。在SEEA的核算体系中，环境有七个独特的组成部分，在中心框架中被视为环境资产。它们是矿产和能源资源、土地、土壤资源、木材资源、水生资源、其他生物资源（不包括木材和水生资源），以及水资源。自然资源是环境资产的一个子集。自然资源包括所有自然生物资源（包括木材和水生资源）、矿产和能源资源、土壤资源和水资源。所有培育生物资源和土地①都不在这一范畴之内。

根据目前各界达成的基本共识，自然资源资产负债表编制需要对接于SEEA核算体系，因此，关于自然资源的种类，我们以SEEA中的分类依据为指导，并根据我国统计实际进行调整。

根据我国《环境保护法》第二条规定，环境是指影响人类生存和发展的各种天然的和经过人工改造的自然因素的总体。其中自然资源包括：土地、森林、草原、矿藏、海洋、湿地、

---

① 在国民账户体系中，"自然资源"一词用来指称自然生物资源（例如木材和水生资源）、矿物和能源、水资源和土地，而环境经济综合核算体系中心框架承认土地提供空间的独特作用，将其与自然资源分开。在国民账户体系中，土地和土壤资源被视为一类资产。环境经济综合核算体系中心框架则认为这是两种分列的资产，再次凸显出土地在提供空间方面的作用。土壤资源被列为自然资源的一部分。对土地的这种处理方式能使关于环境资产的说明更加明确，因为土地面积一般不会随时间发生显著变化（即使其用途或覆被发生了变化），而土壤资源和所有其他自然资源提供惠益的能力可能会随着时间的推移而下降。

水。《中国自然资源手册》将自然资源资产分为土地资源资产、森林资源资产、草地资源资产、水资源资产、气候资源资产、矿产资源资产、海洋资源资产、[①]能源资源资产和其他资源资产九大类资产。

表4–1 联合国综合环境经济核算体系（SEEA）中心框架中的环境资产分类

1	矿产和能源资源
1.1	石油资源
1.2	天然气资源
1.3	煤和泥炭资源
1.4	非金属矿产资源（不包含煤和泥炭资源）
1.5	金属矿产资源
2	土地
3	土壤资源
4	木材资源
4.1	培育木材资源
4.2	天然木材资源
5	水生资源
5.1	培育水生资源
5.2	天然水生资源
6	其他生物资源（不包括木材资源和水生资源）
7	水资源
7.1	地表水
7.2	地下水
7.3	土壤水

根据 SEEA 的定义和我国对自然资源的分类，我们进行对比分析，并且界定自然资源资产负债表中自然资源的分类。

（一）矿产资源

矿产资源分为金属与非金属矿产资源。结合我国统计分类，矿产资源主要包括：铁矿、锰矿、铬矿、钒矿、原生态铁

---

① 联合国综合环境经济核算体系中心框架的环境资产不包括海洋和大气，因为它们的存量太大，就分析目的而言没有意义。

矿、铜矿、铅矿、锌矿、铝土矿、镍矿、钨矿、锡矿、钼矿、锑矿、菱镁矿、硫铁矿、磷矿、玻璃硅质原料、高岭土。

表 4-2 矿产资源分类表

一级分类	二级分类	三级分类	在 SEEA 中归类
1. 矿产资源			√
	1.1 金属矿产	铁矿	
		锰矿	
		铬矿	
		原生态铁矿	
		钒矿	
		铜矿	
		铅矿	
		锌矿	
		铝土矿	
		镍矿	
		钨矿	
		锡矿	
		钼矿	
		锑矿	
		稀土	
		金矿	
		银矿	
		……	
	1.2 非金属矿产	菱镁矿	
		硫铁矿	
		磷矿	
		玻璃硅质原料	
		高岭土	
		……	

（二）能源资源

这里，能源资源主要指不可再生的化石能源，包括石油资源、天然气资源、煤炭和泥炭资源。

85

表 4-3 能源资源分类表

一级分类	二级分类	三级分类	在 SEEA 中归类
2. 能源资源			√
	2.1 煤炭		
	2.2 油页岩		
	2.3 石油		
	2.4 天然气		
	2.5 煤层气		
	……		

（三）土地资源

在国民账户体系中，"自然资源"一词用来指自然生物资源（如木材和水生资源）、矿物和能源、水资源和土地，土地和土壤资源被视为一类资产。联合国综合环境经济核算体系（SEEA）则认为土地和土壤是两种分列的资产，将土地与自然资源分开，凸显出土地在提供空间方面的作用，土壤资源则被列为自然资源的一部分。对土地的这种处理方式可能出于如下考虑：土地面积一般不会随时间发生显著变化（即使其用途或覆被发生了变化），而土壤资源和所有其他自然资源提供惠益的能力一样可能会随着时间的推移而下降。

通常在 SEEA 框架下，土壤资源分类的依据是某个特定时间点的土地使用类型或土地覆被列表显示土壤类型，例如耕地、草地、森林等。这其中大部分子项与我国土地资源分类相一致。考虑到国内常用的土地资源概念，在自然资源资产负债表中我们仍然采用土地资源作为一级分类，二级分类则与土壤资源中的大部分类别相对应。

根据 2007 年 8 月颁布执行的《土地利用分类》国家标准，土地资源分类采用土地综合分类即土地利用分类，侧重土地的实际利用现状，根据土地的实际利用和覆盖特征对土地利用类型加以归纳和分类。分类的基本框架采用二级分类体系，一级类 12 个，二级类 57 个。一级分类中，依据土地利用用途和利用方式，考虑到农、林、水、交通等有关部门需求，设定"耕地"、"园地"、"林地"、"草地"、"水域"、"交通运输用地；"依据土地利用方式和经营特点，根据有关部门管理需求，设定"商服用地"、"工矿仓储用地"、"住宅用地"、"公共管理与公共服务用地"。

考虑到我国分类标准中与水资源中分类的重叠，我们将"水域"从土地类别中提出，纳入到水资源中。

表 4-4　土地资源分类表

一级分类	二级分类	三级分类	在 SEEA 中归类
3. 土地资源			与土壤资源[①]对应
	3.1 耕地	水田	
		水浇地	
		旱地	
	3.2 园地	果园	
		茶园	
		其他园地	
	3.3 林地	有林地[②]	与木材资源相对应
		灌木林地	
		疏林地	
		其他林地	

---

① 在环境经济综合核算体系中，土壤资源资产账户的重点是构成生物系统的土壤表层（表土层）。因此，对于为了建筑、土地改良、工程和类似目的而取走的土壤量未予考虑，除非这种取土量削减了一个生物系统运转可利用的土壤资源面积和物量。为了营造景观或类似目的而取走的土壤量，在土壤作为一个生物系统继续运转的情况下，被认为是在核算框架之内的。我国土壤分类 GB/T17296-2000 中，从地质学角度将土壤细分为各种类型，例如铁铝土、淋溶土等，土壤资源分类体系则分为农业土壤资源（耕地和宜垦地）、林业土壤资源（林地及宜林地）、牧业土壤资源（牧场和草地）。土壤资源按照某个特定时间点的土地使用类型或土地覆被，列表显示土壤类型，例如耕地、草地、森林等。

② 树木郁闭度大于等于 20% 的天然、人工林地。郁闭度是林冠垂直投影面积与整个林地面积之比。

续表

一级分类	二级分类	三级分类	在 SEEA 中归类
	3.4 草地	天然牧草地	
		人工牧草地	
		其他草地	
……			

(四) 木材（林业）资源

在 SEEA 中，木材资源包括天然木材资源（不包括森林，森林被作为土地资源单独列出[①]）和人工木材资源，环境资产分类将森林作为土地的一个小类包括在内，而将这块土地上的木材资源单列为一项环境资产。

与木材资源大体相对应的国内划分是林业资源。根据中华人民共和国国家标准 GB/T14721-2010，林业资源可以简单理解为森林资源，但实际上除了森林以外，其他林木、林地[②]也具有数量巨大的林业资源。因此在自然资源资产负债表中，我们以林业资源作为一级分类，将二级分类进一步划分为森林、林木、林地，三级分类则按照人工林和天然林作为区分。如果再进一步细分，可以根据树种进行分类，按照 GB/T14721-2010，可以细分为：乔木林、竹林、经济林、灌木林、自定义森林类型（国标中没有包括，而由使用者自行分类定义的森林类型）。

---

① 森林常常主要被视为木材资源，即立木木材的物量；但是由于森林被用于生产一系列广泛的产品，因此不应当将森林和木材资源视为等同。木材资源也不仅仅存在于森林中，在很多国家，其他类型的土地覆被，例如其他林地，也拥有木材资源。考虑到森林和木材资源之间有区别，而且中心框架中的环境资产以资源为重点，环境资产分类将森林作为土地的一个小类包括在内，而将这块土地上的木材资源单列为一项环境资产。

② 《中华人民共和国森林法》中对林地的解释是："林地包括郁闭度 0.3 以上的乔木林地、疏林地、灌木林地、采伐迹地、火烧迹地、苗圃地和国家规划的宜林地。"

表 4-5 木材资源分类表

一级分类	二级分类	三级分类	在 SEEA 中归类
4. 林业资源			与土地资源中的森林资源对应①
	4.1 森林	乔木林	
		竹林	
		经济林	
		灌木林	
	4.2 林木	树木	
		竹子	
		……	
	4.3 林地		

（五）水资源

广义上的水资源是指能够直接或间接使用的各种水和水中物质，对人类活动具有使用价值和经济价值的水均可称为水资源。狭义上的水资源是指在一定经济技术条件下，人类可以直接利用的淡水。

在 SEEA 框架下，水资源由内陆水体中的淡水和略咸水组成，包括地下水和土壤水。内陆水体分类主要包括地表水、地下水和土壤水。其中，地表水包括人工水库（专门建造的水库，用来储存、管理和控制水资源）、湖泊（一般指占据地表洼地的大型水体）、河溪（在水道内持续或者周期性流淌的水体）、雪和冰（包括地表的永久性和季节性雪层和冰层）以及冰川（被界定为从大气层降落的积雪，一般在陆地上长期缓慢移动）中的水。

在我国分类系统中，水资源一级分类与 SEEA 分类基本一

---

① 在 SEEA 中木材资源是能够为经济社会提供木料的资源，分为天然木材资源（不包括森林，森林被作为土地资源单独列出）、人工木材资源。

致，在二级分类中则与 SEEA 略有区别。国内定义的地表水是指河流、湖泊、沼泽或是淡水湿地。湿地在 SEEA 框架中，被归为土地资源。

表 4-6 水资源分类表

一级分类	二级分类	三级分类	在 SEEA 中归类
5. 水资源			√
	5.1 地表水（陆地水）	人工水库	√
		湖泊	√
		河溪	√
		沼泽或淡水湿地	归在土地资源中
		……	
	5.2 地下水		√
	5.3 土壤水		√

（六）海洋资源

海洋资源指形成和存在于海水或海洋中的有关资源。包括海水中生存的生物，溶解于海水中的化学元素，海水波浪、潮汐及海流所产生的能量、贮存的热量，滨海、大陆架及深海海底所蕴藏的矿产资源，以及海水所形成的压力差、浓度差等。海洋中的动植物资源，在 SEEA 框架中则被归为水生资源中的一部分，属于生物资源。由于确定海洋范围和海洋资源种类尚有难度，因此自然资源资产负债表中暂时不包括海洋资源。

基于以上对比，我们初步确定，自然资源资产负债表中自然资源有 5 个一级分类，即矿产资源、能源资源、土地资源、森林资源、水资源，17 个二级分类指标，详见表 4-7。

表 4-7 自然资源资产负债表资源分类汇总表

一级分类	二级分类	三级分类	在SEEA中归类
1. 矿产资源			√
	1.1 金属矿产	铁矿	
		锰矿	
		铬矿	
		原生态铁矿	
		钒矿	
		铜矿	
		铅矿	
		锌矿	
		铝土矿	
		镍矿	
		钨矿	
		锡矿	
		钼矿	
		锑矿	
		稀土	
		金矿	
		银矿	
		……	
	1.2 非金属矿产	菱镁矿	
		硫铁矿	
		磷矿	
		玻璃硅质原料	
		高岭土	
		……	
2. 能源资源			√
	2.1 煤炭		
	2.2 油页岩		
	2.3 石油		
	2.4 天然气		
	2.5 煤层气		
	……		

续表

一级分类	二级分类	三级分类	在 SEEA 中归类
3. 土地资源			与土壤资源对应
	3.1 耕地	水田	
		水浇地	
		旱地	
	3.2 园地	果园	
		茶园	
		其他园地	
	3.3 林地	有林地	与木材资源相对应
		灌木林地	
		疏林地	
		其他林地	
	3.4 草地	天然牧草地	
		人工牧草地	
		其他草地	
	……		
4. 森林资源			与土地资源中的森林资源对应
	4.1 森林	乔木林	
		竹林	
		经济林	
		灌木林	
	4.2 林木	树木	
		竹子	
		……	
	4.3 林地		
5. 水资源			√
	5.1 地表水（陆地水）	人工水库	√
		湖泊	√
		河溪	√
		沼泽或淡水湿地	归在土地资源中
		……	
	5.2 地下水		√
	5.3 土壤水		√

表 4-8 自然资源分类对比

SEEA		国内自然资源手册		
矿产和能源资源	石油资源、天然气资源、煤炭和泥炭资源、非金属矿产资源、金属矿产资源	矿产资源	非金属矿产资源、金属矿产资源	铁矿、锰矿、铬矿、矾矿、原生态铁矿、铜矿、铅矿、锌矿、铝土矿、镍矿、钨矿、锡矿、钼矿、锑矿、菱镁矿、硫铁矿、磷矿、玻璃硅质原料、高岭土
		能源资源	石油资源、天然气资源、煤炭和泥炭资源	
土地	包括陆地和内陆水域	土地资源		
	从土地覆被的角度来看，森林资源、湿地属于土地资源	湿地		
土壤资源	按照某个特定时间点的土地使用类型或土地覆被，列表显示土壤类型，例如耕地、草地、森林等			
木材资源	天然木材资源（不包括森林，森林被作为土地资源单独列出）、人工木材资源	森林资源		
水生资源	包括那些在整个生命周期中生活在一国专属经济区边界内的各种鱼类、甲壳类动物、软体动物、贝类、水生哺乳动物和其他水生生物，包括沿海和内陆渔业资源			
其他生物资源	人工培育的动植物，包括牲畜、小麦和水稻等一年生作物，以及诸如橡胶园、果园和葡萄园中除了天然水生资源和天然木材资源的多年生作物			
水资源	地表水：人工水库、湖泊、河流、冰川雪和冰，地下水，土壤水	水资源		

第四章 自然资源概念及其分类

第五章　自然资源定价方法及其应用

中共十八届三中全会通过的《中共中央关于全面深化改革若干重大问题的决定》（以下简称《决定》）提出：探索编制自然资源资产负债表，对领导干部实行自然资源资产离任审计。建立生态环境损害责任终身追究制。编制自然资源资产负债表是一项全新的系统工程，作为这项系统工程的基础工作之一，对自然资源进行科学、准确定价将为相关理论研究和方法创新提供重要的支撑。

一、资源价值的概念

资源有广义和狭义之分，本报告中的资源是指狭义的资源，即自然资源。按照中共十八届三中全会文件解读，自然资源是指天然存在、有使用价值、可提高人类当前和未来福利的自然环境因素的总和。自然资源资产是指其中具有稀缺性、有用性（包括经济效益、社会效益、生态效益）及产权明确的自然资源。

关于资源的价值问题，经济学界一直争议颇多。其中，劳动价值论认为，人类的抽象劳动是价值的唯一源泉，价值来源于社会必要劳动，资源在生产和再生产过程中往往伴随着大量的人类劳动，而价值量的大小取决于生产和再生产过程中投入的社会必要劳动时间，即劳动决定资源的价值和价格；边际效用价值论认为，效用是价值的源泉，商品的价值由效用和稀缺性最终决定，而边际效用是衡量价值量的尺度，因此效用决定资源的价值和价格；要素价值论认为，商品的生产就是效用的创造，人的劳动和生产要素（土地、资本）共同参与了商品的生产，创造了价值，因此，劳动和效用共同决定资源的价值和价格；均衡价格理论吸收了要素价值论和边际效用价值论的某些观点，认为商品的价值取决于供给价格和需求价格相等的点，即需求与供给的均衡点，因此生产成本和边际效用均衡时的"内在价格"决定了资源的价值和价格。还有一些观点认为，资源的价值还应包括资源的非使用价值（或存在价值），即能够满足人类精神文化需要的价值，如美学价值。但是，由于非使用价值一般基于人的行为和理念，并没有较为完整的价值理论支撑，仅仅是人们在计算资源价值的价值量时区分出来的一个概念，尚无客观的价值计算标准。①②③④

综合上述各观点，本报告认为，资源价值（V）应当包括以下三个部分：①资源的劳动价值（L），是指人类在开发利用资源时投入的劳动所形成的价值；②资源的效用价值（U），

---

① 马承祖. 关于自然资源价格构成问题的思考［J］. 价格月刊，2007（9）.
② 谢海燕. 对资源性产品价格的理论分析［J］. 中国物价，2012（5）.
③ 杨卓羽. 资源性产品价格管理研究［J］. 发展研究，2011（4）.
④ 张光文. 关于自然资源价格的形成及体系的探讨［J］. 现代经济探讨，2001（6）.

是指资源的有用性使得其成为自然资产,产权一般由国家所有,要获得资源的使用权就必须支付相应的资源使用费;③资源的生态环境价值(E),是指在资源的开发利用过程中不可避免会带来一些生态破坏和环境污染问题,资源开发利用方必须对其破坏生态环境的行为进行补偿,以降低污染和改善环境。因此,资源的价值(V)可用下面一个简单的公式来表示:

$$V = L + U + E \qquad (5-1)$$

二、自然资源定价模型

所谓自然资源定价,是根据价格理论确定自然资源价格。基于对自然资源价值理论的认识,目前价格理论主要有两种:马克思主义的价格理论和市场经济价格理论。前者的核心是劳动价值论,该理论认为价格是价值的表现形态,价值是价格的基础,制定价格必须以价值为基础,而价值量的大小取决于所消耗的社会必要劳动时间的多寡。任何商品的价格都可用下式表示:

$$P = C + V + M \qquad (5-2)$$

式中:P 为价格,C 为已消耗的生产资料价值,V 为劳动者为自己所创造的价值,M 为劳动者为社会所创造的价值。

市场经济价格理论的核心是效用价值论。该理论认为,在市场经济中决定市场价格的是供给和需求。任何商品的实际市场价格是均衡价格,即供给和需求相等时的价格。

关于自然资源的定价方法,目前国内外尚未建立成熟的自然资源价值理论。这种研究现状一定程度上影响了自然资源价值和价格定量化研究的进展。而国内外有关自然资源定价模型，概括起来主要有影子价格模型、均衡价格模型、边际机会成本模型、市场估价模型、李金昌模型、能量定价模型和能值定价模型等。[1][2][3][4] 这些定价模型各有优缺点，其应用情况也存在一定差别。

（一）影子价格模型

影子价格指从资源有限性出发，以资源合理分配并有效利用为核心，获得最大经济效益的一种测算价格，是对资源使用价值的定量估计。影子价格是反映资源获得最优配置的一种理论价格。1954年，荷兰经济学家詹恩·丁伯根将影子价格定义为"在均衡价格的意义上表示生产要素或产品内在的或真正的价格"，即影子价格反映的是资源得到合理配置的预测价格。前苏联的列维康托洛维奇也提出用线性规划计算的"最优计划价格"。在丁伯根研究的基础上，萨缪尔森从三个方面对影子价格作了补充：①影子价格是以线性规划为计算方法的计算价格；②影子价格是一种资源价格；③影子价格以边际生产力为基础。同时，萨缪尔森把商品的边际成本称为影子价格，具体计算公式为：

目标函数：$Z_{max} = \sum_{j=1}^{n} c_j x_j$ （5-3）

约束条件：$a_{i1}x_1 + a_{i2}x_2 + \cdots + a_{ij}x_j + a_{mn}x_n \leq b_i$

---

[1] 何承耕，林忠，陈传明，李晓. 自然资源定价主要理论模型探析 [J]. 福建地理，2002（9）.
[2] 宋冬林，汤吉军. 从代际公平分配角度质疑新古典资源定价模式 [J]. 经济科学，2004（6）.
[3] 王舒曼，王玉栋. 自然资源的定价方法研究 [J]. 生态经济，2000（4）.
[4] 谢海燕. 反映环境成本的资源性产品定价机制研究 [J]. 宏观经济管理，2010（7）.

式中：i = 1，2，…，m；j = 1，2，…，n；c_j 为各类自然资源单位数量收益系数；x_j 为各类自然资源数量；a_{ij} 为约束系数；Z 为目标值（生态、经济效益等）；b_i 为自然资源总量。

可利用该规划的对偶规划求解自然资源影子价格 u_i，具体如下：

目标函数：$Y_{min} = \sum\limits_{i=1}^{m} b_i u_i$ （5-4）

约束条件：$a_{1j}u_1 + a_{2j}u_2 + \cdots + a_{ij}u_i + a_{mj}u_m \geq c_j$（$u_j \geq 0$）

式中：i = 1，2，…，m；Y 为生产总成本；u_i 为决策变量即影子价格。

可见，从数学规划角度看，影子价格即是线性对偶规划的最优解。其经济含义为：在资源得到最优配置，使社会总效益最大化时，该资源投入量每增加一个单位所带来的社会总收益的增加量。

影子价格的高低取决于自然资源的稀缺程度和供求关系。例如，对于数量（足够）充裕的资源，影子价格为零，而相对稀缺资源的影子价格则较高。理想的影子价格，如果是静态离散的，可用最优线性规划的对偶求得；如果是动态连续的，可用拉格朗日乘数计算。影子价格的优越性在于能够反映出资源的稀缺程度，符合资源定价的经济学基本准则，为资源的合理配置及有效利用提供了可靠的价格信号和计量尺度。

尽管自然资源的影子价格可以根据上述理论和方法进行测算，但是这个定价模型也有一些缺点。比较突出的问题是，测算某种自然资源影子价格所需数据量大，计算复杂，实际操作存在很大困难。另外，影子价格本质上是一种静态的资源最优配置价格，只反映某种自然资源的稀缺程度以及自然资源与总体经济效益之间的关系，无法表现自然资源在不同时期动态配置时的最优价格。一般地，影子价格只包含开采成本、利润和一定的税金，不能代表自然资源本身的价值，与生产价格、市场价格差别较大。

(二) 均衡价格模型

根据微观经济学理论，"供求决定论"是指理性经济人以追求最大利益为目标，以成本效益原则为基础，对成本与收益进行边际分析，形成需求及供给曲线，再通过市场供给和需求曲线图中的供给需求曲线的交点推出市场均衡价格。

在市场经济条件下，供求决定论主要通过动态供需均衡模型（又称蛛网理论）来分析商品价格的形成过程。动态供需均衡模型一直是经济学重要的理论和方法。早在1930年，美国的舒尔茨、荷兰的丁伯根和意大利的里西分别提出了动态供需均衡模型，之后英国的卡尔多和美国的伊齐基尔通过进一步分析和研究扩展了动态供需均衡理论。运用动态供需均衡理论可以有效解释商品价格、市场供给与市场需求的变动关系。根据基础理论，产品供给和需求数量会随着价格的变化而变化，动态供需均衡模型以此作为研究的出发点，即把供给与需求变量定义为被解释变量，把价格变量定义为解释变量，产品的供给和需求会根据价格的变化而变化，并最终通过市场机制的影响使市场供给和市场需求达到平衡状态，从而得到均衡价格。

根据均衡价格理论，供给和需求是自然资源价格水平形成的两个最终决定因素，其他因素或者影响供给，或者影响需求，进而会影响价格。均衡价格模型应用市场经济的一般均衡理论，分析自然资源供给与需求达到均衡时的资源价格。

均衡价格模型既反映了市场机制的相互作用，又突出了部门间的经济联系，克服了投入产出模型忽略市场作用的弊端。从应用范围来看，该模型不仅能有效应用于包括自然资源和环境在内的各种商品价格的计算，也可以用来研究和计算某一区域的经济水平，如在均衡条件下各部门商品的相对价格，以及在均衡条件下各部门的生产和消费情况。

然而，运用均衡价格模型对自然资源进行定价，不仅需处理的数据量非常庞大，而且面临许多障碍。其中，最突出的问题是在我国目前的经济统计体系中，尚未把各类自然资源及其开发状况作为一个单独的部门来处理，因而，无法把资源性商品纳入模型，直接计算自然资源产品的相对价格。

鉴于均衡价格模型的局限性，在实际操作过程中，需要进行一些假设和调整。目前，较常见的运用均衡价格模型来进行自然资源定价的方法为可计算一般均衡模型（Computable General Equilibrium Model，也称 CGE 模型）。CGE 模型应用广泛，当用于资源定价时，它是一种宏观经济的自然资源价格计算模型。这一模型运用市场经济的一般均衡理论，分析自然资源供需达到均衡时的资源价格或自然资源的边际贡献。CGE 模型源于瓦尔拉斯的一般均衡理论，但又不同于一般均衡理论。它放弃了完全竞争的必要性假定，把政策干预引入了模型，使之更加符合当今许多国家经济运行的实际情况。因此，CGE 模型使一般均衡理论更加接近经济现实。作为一种建模技术，CGE 模型吸收了投入产出、线性规划等方法的优点，既体现出部门间的联系，同时又克服了投入产出模型忽略市场作用等弊端，把要素市场、产品市场，通过价格信号有机地联系在一起，不仅反映了市场机制的相互作用，而且突出了部门间的经济联系。CGE 模型在 20 世纪 60 年代末开始出现于宏观政策分析和数量经济领域，随着经济理论不断丰富、计算技巧逐步完善，CGE 模型的研究和应用日渐广泛，能够应用于包括自然资源和环境在内的各种商品价格的计算。

由于 CGE 模型能有效地模拟宏观经济的运行情况，因此，它能用来研究和计算某一区域的经济在均衡条件下各部门商品的相对价格，以及在均衡条件下各部门的生产和消费情况。值得注意的是，CGE 模型应用同样存在一些技术问题。CGE 模型应用于自然资源商品价格的研究，不仅需处理的数据量非常巨大，更大的障碍来自现行的统计体系。由于尚未把各类资源及开发状况作为一个单独的部门处理，因而无法把资源商品纳入模型，直接计算资源产品的相对价格。在这种情况下，较为现实的技术处理方法是：首先建立宏观经济的投入占用自然资源模型，通过可供资源量的变化推求 GDP 的变化值；其次确定 GDP 变化值中由于自然资源量变化的贡献量，进而推算出自然资源的边际价格。这种处理方法只需在现有的 CGE 模型中加入自然资源条件变化的方程即可，实际操作比较方便。①

（三）边际机会成本模型

机会成本的概念是新古典经济学派提出的，是指在其他条件相同时，把一定的资源用于某种用途时所放弃的另一用途的效益。或是指在其他条件相同时，利用一定的资源获得某种收入时所放弃的另一种收入。假如被放弃的产品价值或收入有许多种的话，其中最高的一种即为其机会成本。显然，机会成本中不仅包括财务成本，还包括生产者在尽可能有效地利用资源

---

① 沈大军和李善同等曾分别采用这一思路和方法，计算出邯郸市的水价，研究了我国的污染限制政策（污染排放税率合理确定）问题。

时所能够得到的利润。

运用机会成本的概念确定自然资源价格，一方面意味着将一部分资源开发利润计入成本；另一方面由于自然资源（特别是质量和开采条件都比较好的自然资源）具有实施意义上的稀缺性，现在使用资源，就意味着丧失了今后利用同一资源获取纯收益的机会。因此，机会成本测算必须将未来所牺牲的收益计入成本。在无市场价格的情况下，资源使用的成本可以用所牺牲的替代用途的收入来估算。例如，保护国家公园，禁止砍伐树木的价值，就可用为了保护资源而牺牲的最大的替代选择的价值来衡量。用机会成本法来间接计算无市场价格资源的效益，是一个可行的方法。机会成本法不仅能反映自然资源的现时成本和利润，还包括了未来的收益，在间接估算无市场资源价格方面也具有优势。鉴于其可行性，机会成本理论被广泛地应用于自然资源定价，其中边际机会成本定价模型就是较为先进和流行的一种。边际机会成本定价法就是基于机会成本法的一种社会机会成本定价法。

边际机会成本（MOC）理论认为，自然资源的消耗使用应包括三种成本：①边际生产成本（MPC），它是指为了获得资源，必须投入的直接费用；②边际使用者成本（MUC），即将来使用该资源的人所放弃的净效益；③边际外部成本（MEC），外部成本主要指在资源开发利用过程中对外部环境所造成的损失，这种损失包括现在或者未来的损失。上述三项可以用下式来表示：

$$MOC = MPC + MUC + MEC \tag{5-5}$$

式（5-5）表示，MOC 是由社会所承担的消耗一种自然资源的全部费用，在理论上应是使用者为资源消耗行为所付出的价格 P，即：

$$P = MOC \tag{5-6}$$

当 P < MOC 时会刺激资源过度使用，P > MOC 时会抑制正常的资源消费。

边际机会成本定价模型将资源与环境结合起来，从经济学的角度度量使用资源所付出的全部代价。这一定价模型弥补了传统资源经济学中忽视资源使用所付出的环境代价以及后代或者利益相关者受损的缺陷，既可以作为决策的有效依据，也可以用来判别有关资源环境保护的政策措施是否合理，包括投资、管理、租税、补贴以及自然资源的控制价格等。

边际机会成本定价模型应用于自然资源价格测算也不可避免存在一些缺陷，主要表现为：一是应用较困难，在公式（5-5）中，MPC 的获取比较容易，而 MUC、MEC 的获取比较困难；二是缺乏可比性，由于同一资源在不同地区其 MUC、MEC 的计算内容和方法不同，往往导致 MOC 缺乏可比性，难以进行时空分析和从宏观上把握资源价格的变化。

（四）市场估价模型

市场估价模型定价的基本思路是，基于人们对自然资源的开发利用既会给人类带来经济正效应，也会造成环境负效应的认识，依据自然资源在市场上的价值表现，将两种效应进行换算，通过直接或间接的市场价格，来估算自然资源的经济价值。

市场估价法由一系列以市场为依据的价值评估方法组成。根据市场信息完备与否，可分为直接市场法（收益现值法、生产率变动法、疾病成本法、人力资本法、重置成本法、预防支出法等）、间接市场法（后果阻止法、保护费用法、旅行费用法、工资差额法等）以及以调查为主的主观性较强的模拟市场法（直接询问调查法、间接询问调查法、德尔菲法等）。除了模拟市场法采用问卷调查外，直接市场法和间接市场法的每种定价方法都有其特定的经验模型或具体模型。其中较为常用的模型有：收益现值模型、疾病成本法、人力资本模型、旅行费用模型、资产价值模型等。

1. 收益现值模型

资源价值的收益现值模型是通过估算资产未来预期收益并折算成现值，来确定资产价值的方法。其基本原理为：应用收益现值法评估的资产，其价值大小不是由该资产形成过程中的成本决定，而是由该资产未来的收益决定的，其资产评估值则是该资产未来获利能力的货币表现。这种资产必须具有获得预期收益的能力，而且收益可以用货币表示，并可被预测。

具体的计算公式为：

$$P = \sum_{i=1}^{n} \frac{P_i}{(1+r)^i} \tag{5-7}$$

式中：P 为自然资源价格，P_i 为未来第 i 年的资源预期收益额（i = 1，2，…，n）；n 为收益年限；r 为折现率。当 n 趋于无穷大时，即资源部门无限期收益时，则式（5-7）可表示为：P = p/r。

2. 人力资本模型

人力资本理论用于资源定价的思路是用收入的损失估算由于环境污染引起的过早死亡的成本，进而推算出环境资源的价值。根据边际生产力理论，人失去寿命或工作时间的价值等于这段时间中个人的劳动价值，一个人的劳动价值是在考虑年龄、性别、教育程度等因素的情况下，每个人的未来收益经贴现折算成的现值。假设一个人在正常情况下，可以活到 t 年，由于环境污染而于 T 年过早死亡，则该过早死亡的人所损失的劳动力的价值可描述为：

$$L_T = \sum_{t=T}^{\infty} Y_t P_T^t (1+r)^{-(t-T)} \tag{5-8}$$

式中：L_T 为一个年龄为 T 的人未来收入的贴现值；Y_t 为预期个人在第 t 年内所得到的总收入扣除他拥有的非人力资本的收入；P_T^t 为个人在第 T 年活到第 t 年的概率；r 为预计到第 t 年有效的社会贴现率。

3. 旅行费用法[①]

旅行费用法的定价思路是以游客的支付意愿（旅行费用）作为替代物来衡量旅游景点的价值。以单景点旅游为例，消费者对该景点的支付意愿（W_i）即该景点对消费者 i 的价值为：

$$W_i = \int_0^{\infty} F(p, z) dp \tag{5-9}$$

式中：p 为从出发点到景点的旅行费用，z 为人口的一组社会经济特性。由于有许多消费者参观景点，该景点的总价值等于不同消费者支付意愿之和：

$$W = \sum_{i=1}^{n} W_i \tag{5-10}$$

市场估价模型以资源使用的市场价值为基础进行定价，比较直观；定价的具体方法众多，在实际定价中，无论在计算资

[①] 严格意义上讲，旅行费用法虽然也是间接市场估价法的一种，但通常这种方法被称为替代市场价值法或假想市场法。前者是当研究对象的市场价格无法获取或直接衡量时，可以寻找替代物的市场价格。后者则是指在替代市场都难以找到的情况下，只能人为地创造假想的市场来估算研究对象的价值，因此这种方法又称为市场创建法（Market Creation Techniques）。

源性商品价值还是计算资源性服务价值方面,都有广泛的应用。不论从其基本原理还是其应用来看,市场估价模型的局限性都是显而易见的。首先,无论是直接市场法还是间接市场法,都要对有关商品和劳务的市场价格进行计算,但许多资源没有相应的市场和价格,有的资源即使有,市场价格也多是扭曲的,无法真实反映消费者的真实支付意愿,因而不能充分衡量自然资源开发的全部成本。因此,必须把扭曲价格修正为有效价格,但这在实际操作中往往又很困难。其次,模拟市场法主观性较强,每种方法的使用都有严格的前提和限制,调查结果也存在着产生各种偏差的可能性。

(五) 李金昌模型

我国学者李金昌综合劳动价值论、效用价值论和地租论,提出了一个自然资源的定价模型。该模型将自然资源的价值(P) 分解为两部分,包括自然资源本身的价值(P_1) 和基于人类劳动所产生的价值(P_2)。

首先,根据地租论,设 R_0 为基本地租或租金,a 为代表自然资源丰度和开采利用条件即地区差别、品种差别和质量差别的等级系数,则该自然资源的地租或租金 $R = aR_0$。设 I 为平均利息率,则该自然资源本身的价值 $P_1 = aR_0/I$;P_2 可以根据生产价格理论来确定。设 A 为支付在该自然资源上的人、财、物投入总额(折算成资金),Q 为受益自然资源总量,N 为受益年限,则资源产业活动对该自然资源的总投入每年单位资源量的分摊额为 $A/(N \times Q)$。再考虑投入资本的平均利润率 ρ,即社会投入单位资源所产生的成本加利润,相当于 $(c + v + m)$,即:

$$\frac{A}{N \times Q}(1 + \rho) = c + v + m \tag{5-11}$$

式中：c 为物质消耗，v 为活劳动消耗，m 为利润。这部分价值是该自然资源每年的生产价值，它与地租或租金是同一层次的问题。所以，该自然资源由社会投入部分产生的价值 P_2 只要考虑平均利息率即可求得：

$$P_2 = \frac{A(1+\rho)}{N \times Q \times I} = \frac{c+v+m}{I} \tag{5-12}$$

因此，该自然资源总的价值 P 为：

$$P = P_1 + P_2 = \frac{1}{I}\left[aR_0 + \frac{A}{N \times Q}(1+\rho)\right]$$

$$= \frac{1}{I}(aR_0 + c + v + m) \tag{5-13}$$

其次，考虑自然资源价值的大小。这主要取决于它的稀缺性，稀缺性集中体现在供求关系上。在供给量 Q_s 一定时，其价格（价值）与需求量 Q_d 大致成正比关系；在需求量 Q_d 一定时，其价格（价值）与供给量 Q_s 大致成反比关系。现实中，无论 Q_s 还是 Q_d，与价格之间并不都是固定关系。在不同价格水平下，Q_s 与 Q_d 具有不同的伸缩性；而在相同的价格水平下，Q_s 与 Q_d 的伸缩性也不尽相同。把这种伸缩性分别用供给量变化率与价格变化率的比值即供给弹性系数 E_s，以及需求量变化率与价格变化率的比值即需求弹性系数 E_d 来表示。E_s 表示供给量变化对价格的灵敏程度，E_d 表示需求量变化对价格变化反应的灵敏程度。加入上述关系，则式（5-13）变为：

$$P = \frac{1}{I}\left[aR_0 + \frac{A}{N \times Q}(1+\rho)\right] \times \frac{Q_d \times E_d}{Q_s \times E_s}$$

$$= \frac{1}{I}(aR_0 + c + v + m) \times \frac{Q_d \times E_d}{Q_s \times E_s} \tag{5-14}$$

最后，凡是资本，都应考虑时间价值。设 P 为现值，P_t

为第 t 年的价值，贴现率用 i 表示，则有，$P_t = P(1+i)^t$，t = 1，2，3，…，n。

所以，有：

$$P_t = \frac{(1+i)^t}{I}\left[aR_0 + \frac{A}{N \times Q}(1+\rho)\right] \times \frac{Q_d \times E_d}{Q_s \times E_s} \quad (5-15)$$

或 $$P_t = \frac{(1+i)^t}{I}(aR_0 + c + v + m) \times \frac{Q_d \times E_d}{Q_s \times E_s} \quad (5-16)$$

上述两式即为确定自然资源价值（价格）的基本理论模型。该定价模型符合"完全的生产价格应该等于成本加利润再加地租的原则，尤其是从资源租金角度把自然资源本身的价值考虑进去，从而使自然资源本身的价值有所体现。影响自然资源价值（价格）的其他因素均也可以在上述公式的基础上加以考虑，并对公式进行扩展。但是，要将这一模型付诸实际应用，仍有较大难度。原因在于该定价方法前后所依据的经济学理论有矛盾之处，如劳动价值论和效用价值论等，可能影响模型的内在统一性和严谨性。另外，模型中有关参数的确定也比较困难。

（六）能量定价模型

能量定价模型的基本思路是：通过计算自然资源中所含有的总能量确定自然资源价格。能量价值模型是根据自然资源经济系统所生产的总能量折算成货币价格的定价模型。其基本设想为：自然资源是人类社会经济系统的组成部分，而能量与货币的转换在经济学上又是完全可能的。实际上，一个国家国民生产总值与它的总能耗的比例可以使能量与货币联系起来。确定能量单位价值的公式为：

$$UVE（能量单位价值）= GNP（国民生产总值）/TEC（总能耗） \quad (5-17)$$

按照资源经济学的方法，首先计算出一种自然资源所生产的总能量，然后乘以能量单位价值，就可以得出这种自然资源的总能量价值，其公式为：

$$TVE(总能量价值) = TE(总产量) \times UVE(能量单位价值) \tag{5-18}$$

能量定价模型用能量这一统一标准，将自然环境系统与人类经济系统联系起来，解决了经济学家和资源经济学家在资源价值评估中所遇到的统一性和准确性问题。但应该看到，该模型忽视了自然资源除了物质循环和能量交换外，还可以有其他的功能，如景观、保健等生态环境价值。对于低能量价值的自然资源来说，如果具有风光明媚、整洁安宁的特色，也可能形成一个较高的经济价值。这是能量定价模型的局限所在。

（七）能值定价模型

能值是指某种流动或贮存的能量中包含的另一种流动或贮存的能量之量，它与能量有着本质的不同，是一种比值定义的概念。20世纪80年代后期，美国生态学家H.T.Odum在对不同生态系统中的能量流动进行系统研究的基础上，根据不同自然资源对能量吸收转换的效率差异，提出能值转换率（Transformity）的概念，并以此作为评价自然资源和环境价值的尺度。[①] 由于地球上各种自然资源的能量都直接或间接来源于太阳能，所以实际中应用的是太阳能值转换率，指形成每单位某种自然资源所需的太阳能数量。太阳能值转换率越大，说明某种资源的太阳能值转换率越高，在能量系统中的等级就越

---

① 李寒娥，蓝盛芳. 一种衡量财富的新思路——以资源能值取代商品价值［J］. 经济地理，1997，17（4）：259.

高，其经济效益就越大，价值也就越大；反之则反是。能值转换率的大小，从本质上揭示了不同资源能量、商品劳务和技术信息等存在价值差别的根本原因。

能值定价模型解决了一般能量单位难以解决的不同类型、不同性质的自然资源的能量相互加减和比较的问题，以太阳能值作为资源财富（资源资本）的统一度量标准，为客观地评价和比较多种类型的自然资源的内在价值，及其对人类经济系统的贡献提供了一种新思路。需要指出的是，能值定价模型虽然承认自然资源和环境的开发利用离不开货币能值的中介作用，但它摈弃了自然资源和环境价值的传统货币尺度，而是提出了用能值转换率（Transformity）、能值投入率（Energy Investment Ratio）、能值净产出率（Net Energy Yield Ratio）等一系列客观的指标来衡量各具体自然资源和环境的内在价值。由于能值和货币价值是两种完全不同的尺度，中间也没有过渡的介质或桥梁，因而这一模型虽然在理论思路上有创新，但在现实资源管理和经济生活中难以直接应用。

上述 7 种资源定价模型各有优缺点，模型特点的比较见表 5-1。

表 5-1 自然资源定价模型比较

	定价思想	优点	缺点
影子价格模型	从资源有限性出发，以资源合理分配并有效利用为核心，以获得最大经济效益的一种测算价格	反映了资源的稀缺程度和自然资源与总体经济效益之间的关系，为资源的合理配置及有效利用提供了正确的价格信号和计量尺度	计算所需数据量大，计算复杂，在实践中存在很大困难；不能表现资源在不同时期动态配置时的最优价格；只包含开采成本、利润和一定的税金，并不代表资源本身的价值；与生产价格、市场价格差别较大

续表

	定价思想	优点	缺点
均衡价格模型	基于一般均衡理论，分析自然资源供给与需求达到均衡时的资源价格	既反映了市场机制的相互作用，又突出了部门间的经济联系。能有效应用于各种商品价格的计算，也能用来研究和计算在均衡条件下各部门商品的相对价格，以及各部门的生产和消费情况	需处理的数据量非常庞大；我国目前的经济统计工作中，还没有把各类资源及开发状况作为一个单独的部门来处理，因而无法把资源商品纳入模型，直接计算资源产品的相对价格，而是需进行一些假设和调整
边际机会成本模型	自然资源的消耗使用应包括三种成本：边际生产成本、边际使用者成本、边际外部成本	弥补了传统的资源经济学中忽视资源使用所付出的环境代价以及后代或者利益相关者受损的缺陷；也可以用来判别有关资源环境保护的政策措施是否合理	应用较困难，MPC 的获取比较容易，而 MUC、MEC 的获取比较困难；缺乏可比性，难以进行时空分析和从宏观上把握资源价格的变化
市场估价模型	通过自然资源在市场上的价值表现，将人们对自然资源的开发利用带来的经济正效应和环境负效应进行换算，通过直接或间接的市场价格，来估算自然资源和环境资源的经济价值	比较直观，定价的具体方法众多，在实际定价中有广泛的应用	许多资源没有相应的市场和价格，有的资源即使有，市场价格也多是扭曲的，不能充分衡量自然资源开发的全部成本；市场估价模型主观性较强，每种方法的使用都有严格的前提和限制，调查结果也存在着产生各种偏差的可能性
李金昌模型	将自然资源的价值分解为自然资源本身的价值和基于人类劳动所产生的价值，综合考虑自然资源的稀缺程度和资本的时间价值	从资源租金角度把自然资源本身的价值考虑进去，使自然资源本身的价值有所体现	定价方法前后所依据的经济学理论有矛盾之处，可能影响模型的内在统一性和严谨性；模型中有关参数的确定也比较困难
能量定价模型	通过计算自然资源中所含有的总能量，来确定自然资源价格	用能量这个统一标准，将自然环境系统和人类经济系统联系起来，解决了资源价值评估中的统一性和准确性问题	忽视了自然资源除了物质循环和能量交换外，还可以有其他的功能，如景观、保健等生态环境价值
能值定价模型	根据形成每单位某种自然资源所需的太阳能数量，来计算自然资源的价格	解决了一般能量单位难以解决不同类型、不同性质的自然资源的能量相互加减和比较问题	能值和货币价值是两种完全不同的尺度，中间没有过渡的桥梁，难以直接应用

资料来源：作者根据文献资料整理。

三、会计核算视角的自然资源定价研究

现有会计准则中涉及自然资源核算的具体准则有《企业会计准则第 27 号——石油天然气开采》和《企业会计准则第 6 号——生物资产》。由于生物资产准则将生物资产分为消耗性生物资产、生产性生物资产和公益性生物资产三大类，而这三类生物资产中很多不属于自然资源，故本报告基于会计核算的角度，以石油天然气开采准则为基础，分析现有会计准则中自然资源核算的特点，进而对编制自然资源资产负债表提出一些思考。

（一）自然资源会计核算概述

石油天然气开采（以下简称"油气开采"）的会计核算是以矿区为基础的。矿区是指企业开展油气开采活动所处的区域，具有相同的油藏地质构造或储层条件，以及独立的压力系统和独立的集输系统，可作为独立的开发单元。矿区是计提折耗、进行减值测试等活动的成本中心，是石油天然气会计中的重要概念。矿区的划分应遵循以下原则：①一个油气藏可作为一个矿区；②若干相邻且地质构造或储层条件相同或相近的油气藏可作为一个矿区；③一个独立集输计量系统为一个矿区；④一个大的油气藏分为几个独立集输系统并分别计量的，可以分为几个矿区；⑤采用重大、新型采油技术并工业化推广的区域可作为一个矿区；⑥一般而言，划分矿区应优先考虑国家的不同，在同一地理区域内不得将分属不同国家的作业区划分在同一个矿区或矿区组内。

在油气开采活动中,与某一个或某几个油气藏相关的单项资产,例如单井,能够单独产生可计量现金流量的情况极为少见。通常情况下,特定矿区在勘探、开发和生产期间所发生的所有资本化程度都是作为一个整体来产生现金流的,因此计提折耗和减值测试均应以矿区作为成本中心。

从事油气开采的企业所拥有或控制的井及相关设施和矿区权益统称油气资产。油气资产是一种递耗资产,反映了企业在油气开采活动中取得的油气储量以及利用这些储量生产原油或天然气的设施的价值。油气开采企业通过计提折耗,将油气资产的价值随着开采工作的开展逐渐转移到所开采的产品成本中。油气资产折耗是油气资源实体上的直接耗减,折耗费用是产品成本的直接组成部分。油气资产的内容应包括取得探明经济可采储量的成本、暂时资本化的未探明经济可采储量的成本、全部油气开发支出以及预计的弃置成本。

(二)自然资源相关确认和计量

这里讨论的是从事石油天然气开采企业的矿区权益取得、勘探、开发和生产等油气开采活动的会计处理。

1. 油气开采活动支出

石油天然气开采包括矿区的取得、油气勘探、油气开发和油气生产四个主要环节。因此,油气开采活动中发生的支出可以分为矿区取得支出、油气勘探支出、油气开发支出和油气生产成本四类。

(1)矿区取得支出。

矿区取得支出是指为了取得一个矿区的探矿权和采矿权(包括未探明和已探明)而发生的购买、租赁支出,包括探矿权价款、采矿权价款、土地使用权价款、签字费、租赁定金、购买支出、咨询顾问费、审计费以及与获得矿区有关的其他支出。

（2）油气勘探支出。

勘探支出是指为了识别可以进行勘查的区域和对特定区域探明或进一步探明油气储量而发生的地质调查、地球物理勘探、钻探探井和勘探型详探井、评价井、资料井以及维持未开发储量而发生的支出。勘探支出可能发生在取得有关矿区之前，也可能发生在取得矿区之后。

（3）油气开发支出。

开发支出是发生于为了获得探明储量和建造或更新用于采集、处理和现场储存油气的设施而发生的支出，包括开采探明储量的开发井的成本和生产设施的支出，这些生产设施诸如矿区输油管、分离器、处理器、加热器、储罐、提高采收率系统和附近的天然气加工设施。

（4）油气生产成本（操作成本）。

生产成本是指在油田把油气提升到地面，并对其进行收集、拉运、现场处理加工和储存的活动成本。这里所指的"生产成本"，并非取得、勘探、开发和生产过程中的所有成本，而是在井上进行作业和井的维护过程中所发生的相关成本。生产成本包括在井和设施上进行作业的人工费用、修理和维护费用、消耗的材料和供应品、相关税费等。

2. 钻井勘探支出的资本化处理

根据油气准则规定，钻井勘探支出在完井后，应分别进行以下处理：

（1）确定该井发现了探明经济可采储量的，应将钻探该井的支出结转为井及相关设施成本。

（2）确定未发现探明经济可采储量的，应将钻探该井的支出扣除净残值后计入当期损益。

（3）完井当时无法确定是否发现了探明经济可采储量的，应暂时资本化，但暂时资本化时间不应超过1年。

（4）完井1年后仍无法确定是否发现了探明经济可采储量的，应将暂时资本化的支出全部计入当期损益，除非同时满足以下条件：该井已发现足够数量的储量，但要确定是否属于探明经济可采储量，还需实施进一步的勘探活动；进一步的勘探活动已在实施中或已有明确计划并即将实施。其中，"已有明确计划"是指企业已在其内部管理活动中通过了该计划的实施，例如已拨付资金、已制定出明确的时间表或实施计划并对所涉及人员进行了传达。

（5）直接归属于发现了探明经济可采储量的有效井段的钻井勘探支出结转为井及相关设施；无效井段支出计入当期损益。

3. 弃置义务的处理

企业在矿区内废弃井及相关设施的活动，受《环境保护法》等法律法规的约束，有时还可能受与所在地利益相关方达成协议的约束，例如在废弃时必须拆移、清理设施、恢复生态环境等。由于资产的弃置义务与油气开发活动直接相关，因此油气准则规定，企业应当根据《企业会计准则第13号——或有事项》，按照现值计算确定应计入井及相关设施原价的金额和相应的预计负债。对于井及相关设施以外的油气储存、集输、加工和销售等设施，企业可参照井及相关设施的弃置义务进行处理。

在计入井及相关设施原价并确认为预计负债时，企业应在油气资产的使用寿命内，采用实际利率法确定各期间应负担的利息费用。

企业应在油气资产的使用寿命内的每一资产负债表日对弃置义务和预计负债进行复核。如必要，企业应对其进行调整，使之反映当前最合理的估计。

4. 油气资产折耗方法

油气准则规定企业应当采用产量法或年限平均法对井及相关设施和矿区权益计提折耗。年限平均法是将资本化支出均衡地分摊到各会计期间的方法。

5. 油气准则所涉及资产的减值

油气准则中涉及的资产主要有矿区权益（包括探明矿区权益和未探明矿区权益）、井及相关设施、辅助设备。根据油气准则规定，对于这些资产的减值处理，应遵循以下规定：

（1）探明矿区权益、井及相关设施、辅助设备的减值，按照《企业会计准则第8号——资产减值》处理。油气资产以矿区或矿区组作为资产组，按此进行减值测试、计提减值准备。

（2）未探明矿区权益的减值应按照油气准则的规定，分别按以下情况处理：按照单个矿区进行减值测试并计提准备的，除应每年进行减值测试外，其处理与《企业会计准则第8号——资产减值》规定的其他长期资产减值相同；按照矿区组进行减值测试并计提准备的，该减值损失不在不同的单个矿区权益之间进行分配，因为未探明的矿区权益中包含很大风险，分配到单个矿区没有实际意义。

6. 矿区权益转让的会计处理

（1）探明矿区权益的转让。

转让全部探明矿区权益。根据油气准则，企业应将转让所得与矿区权益账面价值之间的差额计入当期损益。

转让部分探明矿区权益且该矿区权益以矿区组为基础计提

减值准备。根据油气准则，企业应按照转让权益和保留权益的公允价值比例，计算确定已转让部分矿区权益账面价值，转让所得与已转让矿区权益账面价值的差额计入当期损益。

（2）未探明矿区权益的转让。

转让全部未探明矿区权益且该矿区权益单独计提减值准备。根据油气准则，企业应将转让全部未探明矿区权益的所得与矿区权益账面价值之间的差额计入损益。

转让全部未探明矿区权益且该矿区权益以矿区组为基础计提减值准备。根据油气准则，如果转让所得大于未探明矿区权益的账面原值，应将其差额确认为收益；如果转让所得小于矿区账面原值，将转让所得冲减矿区组权益的账面价值，直至冲减至零为止。

转让部分未探明矿区权益且该矿区权益单独计提减值准备。根据油气准则，如果转让部分未探明矿区权益所得大于该未探明矿区权益的账面价值，应将其差额计入收益；如果转让所得小于其账面价值，应将转让所得冲减被转让矿区权益账面价值，直至冲减至零为止。

转让部分未探明矿区权益且该矿区权益以矿区组为基础计提减值准备。根据油气准则，如果转让所得大于未探明矿区权益的账面原值，企业应将其差额计入收益；如果转让所得小于该未探明矿区权益的账面原值，企业应将转让所得冲减矿区组的账面价值，直至冲减至零为止。

《企业会计准则第5号——生物资产》会计准则中有关自然资源部分的是天然林等天然起源的生物资产，该准则规定仅在企业有确凿证据表明能够拥有或者控制该生物资产时，才能予以确认。

天然起源的生物资产的公允价值无法可靠地取得，应按名义金额确定生物资产的成本，同时计入当期损益，名义金额为1元人民币。

(三) 自然资源会计核算的特点

1. 资源会计核算体现了谨慎性原则

谨慎性原则是企业会计核算中的一项重要原则，运用广泛，可防止抬高资产和收益，压低负债和费用，并起到预警风险和化解风险的作用。石油天然气开采准则中谨慎性原则主要表现在：一是计提减值准备，准则规定对于探明矿区权益的减值，按照《企业会计准则第8号——资产减值》处理；对于未探明矿区权益，应当至少每年进行一次减值测试。同时《企业会计准则第8号——资产减值》规定，探明石油天然气矿区权益和井及相关设施计提的减值准备一经计提不得转回。这一与国际会计准则不一致的规定主要是与我国企业目前的发展状况相一致，考虑到我国企业利用资产减值转回来人为操纵利润的现象屡屡发生，为遏制这种不良现象而采取的一种反制措施。但这从另一个角度说明会计核算的油气资产并不能反映出市场的真实价值。二是计提预计负债。企业在矿区内废弃井及相关设施的活动，受《环境保护法》等法律法规的约束，有时还可能受与所在地利益相关方达成协议的约束，例如在废弃时必须拆移、清理设施、恢复生态环境等。由于资产的弃置义务与油气开发活动直接相关，企业应计提预计负债。

生物资产会计准则中规定天然林等天然起源的生物资产，仅在企业有确凿证据表明能够拥有或者控制该生物资产时，才能予以确认。天然起源的生物资产的公允价值无法可靠地取得，应按名义金额确定生物资产的成本，同时计入当期损益，名义金额为 1 元人民币，充分体现谨慎性原则。

2. 勘探支出采用了成果法

对油气勘探支出的会计处理，国际上有成果法和完全成本法两种。两种方法的主要差异如表 5-2 所示。采用成果法对钻井勘探支出进行资本化，是以矿区为成本归集和计算中心，只有与发现探明经济可采储量相关的钻井勘探支出才能资本化；与发现探明经济可采储量不直接相关的支出，作为当期费用处理，强调收入与费用的配比。采用全部成本法对钻井勘探支出进行资本化，强调权责发生制原则，油气勘探成功与否，其已发生的成本都应资本化，以准确反映获得探明储量所花费的代价。

表 5-2 成果法与全部成本法的主要差异

项目	成果法下的处理	全部成本法下的处理
地质/地理研究支出	当期费用	资本化
矿区权益取得支出	暂时资本化，根据评估结果处理	资本化
钻井勘探支出	暂时资本化，根据评估结果处理	资本化
开发钻井支出	资本化	资本化
生产	当期费用	当期费用
折耗	以矿区或矿区组为资本中心，以账面价值为折耗基础，以探明经济可采储量或已开发探明经济可采储量为基础计算折耗率	以国家为成本中心，以账面价值加未来开发支出为折耗基础，以已开发及未来开发探明经济可采储量为基础计算折耗率

资料来源：财政部会计司编写组. 企业会计准则讲解 [M]. 北京：人民出版社，2006.

3. 产量法更符合自然资源价值损耗的特点

产量法，又称单位产量法。该方法认为，油气资产的服务潜力随着使用程度而减退，特定矿区所发生的资本化成本与发现并开发该矿区的探明经济可采储量密切相关，每一产量单位应当承担相同比例的成本。按照产量法对油气资产计提折耗时，对矿区权益以探明经济可采储量为基础计提折耗，对井及相关设施以探明已开发经济可采储量为基础计提折耗。因此，油气资产按照产量法计提折耗比较符合该类资产价值损耗的特点。年限平均法将资本化支出均衡地分摊到各会计期间，采用这种方法计算的每期油气资产折耗额相等。如果各期间油气产量相对比较稳定，按照年限平均法与按照产量法计提的油气资产折耗无显著差异。

例如，某油田开始几年的年产量要高于随后几年的年产量，如果采用直线法，则开始几年以后，随着油田中后期开采难度越来越大，由于单位变动成本增加，需要支出更多的设备维修费用。考虑到这些生产后期单位生产成本上升的因素，年限平均法就可能歪曲企业的经营成果，即开始几年的利润比较大，而随后年份的利润较低。

4. 扩展自然资源会计核算范围

《企业会计准则第 27 号——石油天然气开采》指出，石油天然气以外的采掘业企业的勘探和评价活动参照油气准则执行，其他活动应该按照相关准则进行处理。需要指出的是，石油天然气开采准则提出，油气资产属于递耗资产。递耗资产是指通过开采、采伐、利用而逐渐耗竭，以致无法恢复或难以恢复、更新或按照原样重置的自然资源，如矿藏等。所以这里核算的是耗竭性资源即不可再生的资源。可再生资源是能够通过自然力以某一增长率保持或增加蕴藏量的自然资源。有些可再生资源的可持续性受人类利用方式的影响，在合理开发利用的情况下，资源可以恢复、更新、再生，甚至不断增长；在开发利用不合理的条件下，其可再生的过程会受阻，使蕴藏量不断减少，以至耗竭，如森林资源。事实上，还有大量的可再生自然资源存在，因而，今后还要扩展可再生自然资源的会计核算。

5. 丰富自然资源价值评估方法

会计计量属性或特征的选择，是会计计量中最富争议的问题之一，对最终财务报表信息也有较大的影响。我国《企业会计准则——基本准则》（2006）指出，可供选择的会计计量属性有：历史成本、重置成本、现值、可变现净值和公允价值。而在自然资源会计核算中，油气资产计量很多情况下选用历史成本，究其原因主要是成本资料易收集，尤其是在缺乏完善的资源资产市场情况下，更显其优越性，但它没有考虑市场供求关系，只考虑投入而未考虑自然资源的产出，这与价值不太相符。因此，应丰富自然资源价值评估方法，完善资源资产市场，客观公正地反映供求关系和资源状况。此外，还应加强环境资源的会计核算工作，逐步解决自然资源的生态环境方面的核算和入账问题。

四、SEEA 中资产估价方法及其在中国的适用性

（一）SEEA 中环境资产估计方法

联合国 2014 年发布的《环境经济核算体系（SEEA）2012：中心框架》提出，资产在市场上买卖的价格，是投资者、生产者、消费者和其他经济行为者决策的依据。投资者和生产者可结合其对于从资产中能够获得的预期收入流量，评估市场价格。理论上，应当利用可见市场价格对所有资产估价，每一项的估价都是在与存量估值有关的日期获得该项时的价值。同时，SEEA 还指出估价时应当考虑的一个重要问题，即估价的目标是资产在原地的价值，而不是转移后的价值。

市场价格观察值的一个理想来源，是在市场上看到的价格，且市场上交易的每一种资产都是完全同质的，交易量常常很大，并定期列出市场价。这种从市场上产生的价格数据，可以乘以实物存量指数，从而计算出不同类别资产的总市值。除了提供实际交易资产价格的直接观察值，这类市场提供的信息还可以用来为没有被交易的相似资产定价。如果因为所讨论的品类近期没有在市场上买卖，从而没有可观察的价格，就必须设法假定固定市场存在并且资产在估算存量的日期被交易，据此估算价格。

第一种方法是利用减记重置成本。一项资产的价值将随时间推移而下降，因为购置时的价值即购置价，在资产寿命周期内要减去固定资本消耗（通常被称为折旧）。再者，与其相当的新资产的购置价会发生变化。理论上，资产在其寿命周期中任何给定时间点的价值，等于与之相当的新资产的当期购置价减去寿命周期中的累计固定资本消耗。如果没有直接观察到的可靠价格可用于已被使用的资产，用这一方法可以给出待销售资产市场价格的合理近似值。

第二种办法是利用未来回报的贴现值。对很多环境资产而言，不存在使前述两种办法得以利用的相关市场交易或者一组购置价格。因此，虽然可以找到一些价格来确定开采或收获某种环境资产的产出价值，但并没有资产本身在原地的价值可用。在此情况下，计算未来回报的贴现值，通常被称为净现值方法，即利用资产将来的预计开采速度和它的预计价格，生成一个预计回报的时间序列。典型情况下，这些预计依据的是过去利用这种环境资产获得回报的情况。假定开采者当期获得的回报高于将来获得的回报，将预期回报流贴现，可以反映买方准备为当期资产支付的价值。

净现值方法有五个需要解释的主要组成部分：①计量环境资产回报；②根据预期开采情况和价格确定预期资源租金模式；③估算资产寿命周期；④选择生产资产回报率；⑤选择贴现率。

资产的剩余价值指资源租金，可被视为资产本身获得的回报。净现值方法的原理要求估算将来预期获得的资源租金流，然后将这些资源租金折算到当前核算期。

在实践中，估算资源租金的方法有三种：残余价值方法、收款方法和获得价格方法。虽然在理论上，所有这些方法将产生相同的资源租金估值，但是使用收款方法和获得价格方法时，受国内制度安排的影响更严重。由于这些原因，应当编制依据残余价值方法得出的资源租金估值，并尽可能与利用其他方法得出的估值相协调。

资产寿命周期（或者资源寿命周期）是一项资产可用于生产的预期时间，或者自然资源可被开采的预期时间。资产寿命周期的估值，必须依据对可用资产实物存量的考虑、假定开采速度和可再生资源的增长情况。净现值估值受不同资产寿命周期的影响，如果资产寿命周期超过大约20年，则净现值估值相对稳定；换言之，以后年份的预期回报价值相对较小。

估算环境资产开采中所用的用户生产资产成本，需要利用生产资产的预期回报率。如果不减去这种成本，由此产生的资源租金估值将会被夸大。环境经济综合核算体系建议采用外生方法估算生产资产的回报率。这种方法假定生产资产的预期回报率等于外生（外部）回报率。理论上讲，预期回报率应当与具体活动的回报有关，因此将投资于特定活动的风险纳入考虑范围。但是在很多情况下，金融市场可能不够发达，不能提供这些特定回报率的可靠估值。尽管外生方法不大可能成为完美地指示个别生产资产的回报率，但是它们有可能提出一种合理的正常回报率，以便利用净现值方法测算估值。

将预期资源租金流转化为总体价值的当期估值，需要使用贴现率。如果为了确保估价符合一般市场价格概念，建议使用与生产资产假定回报率相等的市场贴现率。与此同时，使用社会贴现率来估价环境资产，也是有依据的。后者的基本原理是，环境资产对整个社会具有广泛的长期价值，应当据此而不是单纯依照它们对当下开采者的价值来定价。支持使用社会贴现率的一个主要观点是，一般来说，社会贴现率低于市场贴现率，较低的贴现率相对来说更重视未来世代的收入。从这一点出发，通常可以断定，利用市场贴现率得出的净现值估值不重视未来，获得的总价值太小，因为它们没有给予这些未来收入足够的权重。

（二）净现值（NPV）法在自然资源定价中的适用性

本报告在介绍自然资源定价模型中的市场估价模型时，也提到了收益现值模型，它与 SEEA 中提到的净现值法基本一致。采用净现值法对资源进行估价，是指对通过资源的供给或使用而产生的收益进行估计。由此不难看出，自然资源的评估价值与资源的效用或有用程度密切相关。所以，从理论上讲，净现值法是资源性资产评估中较为科学合理的评估方法之一。净现值方法提供了一种可见市场价格的合理替代价格，可以用于测算自然资源存量的估价以及一致的耗减、收入和重新估价的流量计量值。但是，净现值方法有其一定的适用条件。

应用净现值法对资源进行价值评估必须具备的前提条件，

一是被评估的自然资源预期获利年限可以预测；二是被评估的自然资源的未来预期收益是可以预测并能够用货币衡量的。只有在符合以上两个前提条件的情况下，才能运用净现值法来对资源价值进行评估。

然而，必须看到，现阶段我国不论在理论研究还是统计实践中，运用净现值法仍有一定的难度。究其原因，客观上讲，主要是评价对象是一个相对模糊的体系，对其价值影响较大的有资源服务年限、自然资源丰度、固定资产折旧、生产成本等诸多因素。而从体制机制上看，现阶段我国对净现值法涉及的参数内涵和取值尚未形成规范的定义和标准。如果仅凭个人理解、自下定义、自设参数，很难实现自然资源价值的连续精准测算。在这种情况下，运用净现值法评估资源价值时，只能得出资源的大致价值，而且用这种方式估算出的数值，其决策参考价值大打折扣，并不能真实反映出资源体在时空上的变化及资源收益的动态变化。

五、小结

关于自然资源的价值和价格，经济学界一直存有争议。随着经济学理论方法的不断完善，学者们一直在探索科学、合理的资源定价方法，涌现出多种自然资源定价模型。这些模型的经济学理论依据及方法不同，决定了其适用范围各有差异，而在具体应用中也表现出了不同的优势和局限性。如何选择自然资源价值评估的特定技术路线，本身就是一项难度较大的系统工程。

我国自然资源种类繁多，分布广泛，定价依据差异较大，加之相关统计的基础工作不够系统扎实，这些客观条件不仅制约了 SEEA 等方法在自然资源价值评估中的应用，也对编制自然资源资产负债表带来了巨大挑战。如前文所述，资源定价是编制自然资源资产负债表的基础性工作。这一基础如果打不牢、做不实，将直接影响自然资源资产负债表编制的科学性和可持续性。为此，建议国家加大投入，参考 SEEA 框架，充分借鉴国际经验，加快理论和方法创新，逐步建立完善服务于自然资源资产负债表编制的有中国特色、可操作、可拓展的自然资源定价理论和方法体系。

第六章　贵州省编制自然资源资产负债表的经验总结

中共十八届三中全会《中共中央关于全面深化改革若干重大问题的决定》要求"探索编制自然资源资产负债表，对领导干部实行自然资源资产离任审计。建立生态环境损害责任终身追究制"。广东省、贵州省、江西省、青海省、内蒙古自治区、重庆市等省（自治区、直辖市）已将编制自然资源资产负债表列入2014年政府工作任务，并且积极地开展了前期工作。

贵州省矿产、能源资源丰富，生物种类繁多，是名副其实的自然资源大省。近年来贵州经济高速增长，2013年经济增速12.5%，跃居全国第一位。与此同时，贵州省委、省政府十分关注自然资源和生态环境的保护。从《决定》出台后，贵州省委、省政府领导对自然资源资产负债表编制工作高度重视。2014年初，根据贵州省主要领导的指示精神，贵州省统计局联合省直相关部门，便开始推进自然资源资产负债表的编制工作，取得初步成效。但是，自然资源资产负债表的编制目前国内外均还没有成熟的经验可资借鉴，贵州省统计局在编制过程中面临诸多技术难题。鉴于贵州省的编制工作启动较早、已经取得一定的经验，课题组选择贵州省作为调研地点，重点调研自然资源资产负债表编制进展、编制过程中存在的问题与障碍，为课题组下一步编制报表架构、报表内容及统计、计量自然资源的资产和负债等一系列重大理论和实践问题，提供参考。

一、贵州省自然资源资产负债表编制进展

（一）贵州省委、省政府高度重视

贵州省高度重视自然资源资产负债表编制工作。省委书记赵克志要求"着力在经济体制改革、生态环境保护和生态文明建设等领域率先实现改革突破，突出特色、做出亮点"；省长陈敏尔在2014年《政府工作报告》中提出"探索编制自然资源资产负债表"工作任务，明确由省统计局牵头，省国土资源厅、省水利厅、省林业厅等部门共同参与；省委副书记李军多次做出批示，要求省统计局抓紧探索贵州省自然资源资产负债表的编制工作。

（二）贵州省统计局率先启动编制工作

根据贵州省委、省政府主要领导同志的指示精神，贵州省统计局联合省直相关部门，在2014年初开始推进自然资源资产负债表的编制工作。

1. 明确工作目标并制订了工作进度安排

贵州省统计局于2014年2月制定了2014年探索编制自然资源资产负债表工作的季度推进目标和工作打算：第一季度，完成探索编制自然资源资产负债表工作的实施方案；第二季度，向国家统计局申请编制自然资源资产负债表试点，开展探

索编制自然资源资产负债表课题研究；第三季度，制订贵州省自然资源资产负债表编制方案；第四季度，探索编制试点县自然资源资产负债表。

2. 建立编制自然资源资产负债表协调机制

贵州省统计局、省国土资源厅、省林业厅、省水利厅等九个部门（单位）为协调机制成员单位。贵州省统计局先后多次召开座谈会，分别邀请了省国土资源厅、省林业厅、省水利厅等厅局相关处室负责同志，对自然资源产权界定、自然资源资产价值量计量、自然资源种类选择和划分、流动性和储藏性资源评价等进行研究。

3. 积极开展试点工作

根据探索编制自然资源资产负债表的工作需要，2014年3月，贵州省统计局联合省国土资源厅、省林业厅、省水利厅下发了开展试点工作的通知，选取了贵州省自然资源具有代表性的赤水市和荔波县作为试点县（市）。

4. 整合资源、加强研究

为进一步充实探索编制自然资源资产负债表课题研究队伍，贵州省统计局与贵州财经大学联合开展探索编制自然资源资产负债表的课题研究。目前，已经形成了《自然资源资产负债表编制思路与框架》。

（三）各厅局、高校积极参与，取得一定进展

在贵州省统计局的协调下，贵州省国土厅、发改委、水利厅、审计厅、林业厅、环保厅等多厅局陆续开展了自然资源资产负债表的研究编制工作。其中，贵州省国土厅正在制订《贵州省土地资源资产产权调查及资产负债表编制工作实施方案》，并与省发改委共同制订了《贵州省自然资源资产产权制度和用途管制制度改革方案》。目前贵州省已经初步形成了乡镇级的土地资源资产负债表（见表6-1）。

表6-1　×××镇（乡）土地资源资产负债表

单位：公顷、万元

资源项目		资产（增加）				负债（减少）			
		数量	生态价值	经济价值	社会价值	总值	数量	生态价值	经济价值	社会价值	总值
年初数						A_1	—	—	—	—	—
年度变化量	耕地	水田					a_1					b_1
		旱地					a_2					b_2
		水浇地					a_3					b_3
	园地	果园					a_4					b_4
		茶园					a_5					b_5
		其他园地					a_6					b_6
	……	……					a_n					b_n
合计						ΣA					ΣB
土地资源资产负债核算						A_2					B_2
年末数						A_3					

水资源资产负债表的编制工作由贵州省水利厅水资源处牵头，省水资源管理中心（省水文水资源局水资源评价处）具体承担。根据贵州省水利厅介绍，目前水利厅已经完成了水资源资产负债表编制的基本框架和主要指标选择（见表6-2）。

表6-2　水资源资产负债表编制的基本框架和主要指标

	内容
编制原则	坚持用水总量控制、坚持供需协调、坚持高效利用、坚持生态保护、坚持重点用水保障、坚持最严格水资源管理等原则
报表框架	①界定水资源核算对象；②对水资源进行实物统计；③绘制水资源利用流向及流程图（明确水资源增减的原因、数量和利用结构情况，为建立水资源的核算账户服务）；④对水资源进行估价；⑤对水资源进行分类核算；⑥对水资源进行综合核算；⑦水资源质量指数的核算
科目分类	①从来源方面，水资源大致可分为地表水、地下水、非常规水源等类型；②从使用公用方面，可以分为农业用水、工业用水、生活用水和生态用水等

续表

主要指标	内容
主要指标	主要指标分为3大项9个指标：①水总量控制指标（用水总量、生活和工业用水量、地下水开采量）；②用水效率控制指标（万元DGP用水量、万元工业增加值用水量、农田灌溉水有效利用系数）；③水功能区限制纳污指标（江河湖库水功能区水质达标率、城镇供水水源地水质达标率、跨地级以上市河流交接断面水质达标率）
数据来源	省水资源公报、统计年鉴、水文局监测统计、当地水行政主管部门统计数据

贵州省林业厅相关责任处室根据林业自然资源特点，结合贵州林业行业历年开展的各类调查和统计工作积累的组织体系、技术体系和基础数据，确定了《贵州省林业自然资源资产负债表（实物量表）》指标体系的两个层次。第一层次包括7个一级指标，主要包括林地面积、林地质量、森林面积、森林蓄积、森林质量、湿地面积和湿地质量（见表6-3）；第二层次则在7个一级指标的基础上对每个指标进行细分，形成了与一级指标对应的23个二级指标（见表6-4、表6-5、表6-6、表6-7、表6-8）。

表6-3 林业自然资源资产实物量总表

统计单位：×××市（州）或×××县（市、区、特区）或×××乡（镇）

资源种类	林地		森林			湿地	
指标名称	林地面积	林地质量	森林面积	森林蓄积	森林质量	湿地面积	湿地质量
单位	亩		亩		立方米/亩	亩	
期初数							
增加数		—			—		—
减少数		—			—		—
期末数							

表6-4 林地面积表

统计单位：×××市（州）或×××县（市、区、特区）或×××乡（镇）

单位：亩

指标名称	林地总计	有林地	疏林地	灌木林地	未成林地	苗圃地	无立木林地	宜林地	林业辅助用地
期初数									
增加数									
减少数									
期末数									

表 6-5 林地质量表

统计单位：×××市（州）或×××县（市、区、特区）或×××乡（镇）

指标名称	林地总计	有林地	疏林地	灌木林地	未成林地	苗圃地	无立木林地	宜林地	林业辅助用地
期初数									
增加数	—	—	—	—	—	—	—	—	—
减少数	—	—	—	—	—	—	—	—	—
期末数									

表 6-6 森林面积表

统计单位：×××市（州）或×××县（市、区、特区）或×××乡（镇）

单位：亩

指标名称	总计	乔木林	竹林	国家特别规定的灌木林	四旁树林木的覆盖面积
期初数					
增加数					
减少数					
期末数					

表 6-7 森林蓄积及质量表

统计单位：×××市（州）或×××县（市、区、特区）或×××乡（镇）

单位：亩、立方米、立方米/亩

树种	合计			杉木		马尾松		云南松		华山松		柏木		软阔		硬阔	
	面积	蓄积	质量	面积	蓄积	面积	蓄积	面积	蓄积	面积	蓄积	面积	蓄积	面积	蓄积	面积	蓄积
期初数																	
增加数																	
减少数																	
期末数																	

注：本表所指森林蓄积仅指能计量蓄积的乔木林林分蓄积。

表 6-8 湿地面积及质量表

统计单位：×××市（州）或×××县（市、区、特区）或×××乡（镇）

单位：亩、分值

树种	合计		河流湿地		湖泊湿地		沼泽湿地		人工湿地	
	面积	质量	面积	质量	面积	质量	面积	质量	面积	质量
期初数										
增加数										
减少数										
期末数										

贵州省统计局与贵州财经大学于2014年4月开展了"自然资源资产负债表编制"的课题研究，并且提出了自然资源资产负债表的基本框架（见表6-9）。

表6-9　自然资源资产负债表

	资产的存量和变化量	企业	政府	住户	负债的存量和变化量	企业	政府	住户
期初资产负债表	可再生资源				法定负债			
	森林资源				应缴排污费			
	水资源				应缴环保罚款			
	……				……			
	不可再生资源				推定负债			
	土地资源				"三废"治理义务			
	矿产资源				矿山修复义务			
	……				土壤改良义务			
					……			
					资产净值			
资产/负债变化合计可再生资源	可再生资源				法定负债			
	森林资源							
	水资源							
	……							
	不可再生资源				推定负债			
	土地资源							
	矿产资源							
	……				资产净值的变化合计			
期末资产负债表	可再生资源				法定负债			
	森林资源							
	水资源							
	不可再生资源				推定负债			
	土地资源							
	矿产资源							
					资产净值			

二、编制自然资源资产负债表工作中存在的问题和困难

编制自然资源资产负债表尚处于探索阶段，国家层面的研究和编制工作刚刚开始，理解和认识都处于初步阶段，没有任何可供参考和借鉴的现存经验。贵州省在探索编制自然资源资产负债表的过程中面临着许多问题和困难，具体表现在以下几个方面：

（一）涉及部门多，编制协调难度大

如果要达到"领导干部自然资源离任审计"和"生态环境损害责任终身追究"的目标，则需要在自然资源资产负债表中将自然资源、生态环境、保护与补偿等情况全部列报，才能确定领导干部的任期责任。按照这个宽口径来统计核算，则自然资源资产负债表应该列报的不仅仅是某个时点的资产和负债的静态状态，还应当包括对自然资源资产形成、开发、配置、运用、储存、保护、循环使用、变化监测等多个环节、多方面工作的结果和状态的动态统计、监测和核定。要确定各方面的工作结果，会涉及政府多个部门，需要多个部门的配合才能完成。这些部门包括土地管理部门、环境保护部门、规划发展部门、勘察设计部门、权证及交易许可发放部门、资源使用部门、经济统计核算部门和审计部门等。要让地方政府的某一个部门，比如统计部门、环保部门或者国土资源管理部门，来协调这众多部门的工作，统计、核算、编制出一张包含上述多方面内容的自然资源资产负债表，显然是一项高难度工作。与此同时，如何促进统计工作与有关部门实际工作相衔接，统

计专业与各行业专业理论、实践相契合，需要进行大量的工作协调，只要其中一项工作滞后，势必会影响整个编表工作的进度。

（二）自然资源概念界定弹性大，核算范围确定难

自然资源可分为可再生资源、可更新自然资源和不可再生资源，包括生物资源、农业资源、森林资源、国土资源、矿产资源、海洋资源、气候气象、水资源等多种类型。如此多的种类是否都应纳入自然资源资产负债表的核算之中？

从理论上说，各类自然资源均应该计入资产负债表中。但在实际操作中，将所有自然资源都考虑进来，还存在一定难度，主要体现在：①由于不少种类的自然资源资产产权制度和用途管制制度还没有建立，无法清晰界定自然资源资产所有权、占有权、使用权和处置权等的归属，如森林资源、海洋资源、气候气象等。产权不清晰，也就无法对这些资源进行合理定价，因而也无法进入资产负债表体系中。②基础统计数据缺乏。贵州省是矿产资源大省，但是有关矿产资源数据仍然不完善，无法支持自然资源资产负债表的编制。因此，哪些资源可以作为资产计量，目前还没有形成统一意见。

（三）理论研究不充分，编制形式尚存争议

编制自然资源资产负债表的学术理论支撑不足。目前，国内外还没有形成比较统一、标准、成熟的统计核算体系，编制自然资源资产负债表的定义、标准、制度、方法等理论问题均亟待创新研究。是以会计视角编制自然资源资产负债表，还是采取国民经济核算体系或统计报表形式编制自然资源资产负债表，目前还没有达成统一共识。主要原因是对相关概念和技术细节还没有认识清楚。例如，如何界定纳入编表的自然资源资

产，如何界定负债，自然资源资产在表中如何进行列报和披露，建立起来的编制体系是否科学可行。这些问题不统一，报表编制形式就难以确定。

如果以会计视角编制自然资源资产负债表，就应该遵循"资产−负债=净资产（即所有者权益）"这一会计恒等式。如果自然资源资产负债表和会计视角的资产负债表一样，满足会计恒等式的要求，那么自然资源资产负债表就应该符合"自然资源资产−自然资源负债=自然资源净资产"这一恒等式。从会计角度来理解，编制自然资源资产负债表问题，就变成了对自然资源进行产权界定和相关资产、负债、净资产、收入、费用、利润等自然资源会计要素的价值量核算问题。这种编制思路和形式的理论框架相对完整，但实践操作难度较高，需要引入环境负债概念，同时会面临大量的核算和计量难题。

如果以联合国国民经济核算体系或统计报表为基础编制自然资源资产负债表，例如以联合国综合环境经济核算体系（SEEA）的基本结构为蓝本来编制，则难度相对较小。但是SEEA体系中并没有环境负债概念。要想总括反映人类经济活动对环境资源的影响，只核算资产不核算负债，只关注权利不关注义务，是不全面、不完整的。只有将环境负债纳入核算内容，才能警示人类活动对环境的欠债，才能促使各类组织加大对环境保护污染治理的投入，以降低自然资源资产负债率，增加自然资源净资产。从这个角度编制，则必须在核算体系中增加负债项目。这同时带来一些疑问，缺乏负债项目的直接计量、记录，可能无法保持资产负债表的平衡关系。在贵州省的调研过程中，贵州省统计局也提出同样的疑问，目前尚没有找到好的解决办法。

(四)自然资源种类繁多,确认、计量、记录难度大

资产和负债的计量存在两个难点:第一,自然资源实物量统计问题。自然资源涉及土地资源、森林资源、矿产资源、淡水资源等多种,这些自然资源的形态、分布不尽相同,有些潜藏在地下(如矿产资源),有些具有很强的流动性(如水资源、空气),对这些资源进行数字化难度较大,是一项重大的统计改革创新,也是相关部门业务工作的改革创新,需要进行大量的研究探索。调研中,贵州省国土厅提出,矿产资源统计中存在远景储量、探明储量、可开采储量等多种统计口径,有些储量是动态变化的,在不同时期统计数字很不一致,这给最终考核带来了困难。贵州省水利厅反映,由于水资源由降水补给,具有年际分布不均匀、流动变化的特性,因此,水资源资产和负债无法按照现有的行政区划进行统计核算。

第二,实物量如何转化为价值量问题。如果仅以实物量来核算,无法将自然资源与经济增长相结合,报表仅具有统计意义上的含义,因此实物量必须转化为价值量。但是,现在的难点是:①价值量的含义,是经济价值、生态价值、社会价值,还是兼而有之?贵州省统计局、林业厅、国土厅提出,自然资源不应该仅核算经济价值,因为有些自然资源虽不具有经济价值,但具有生态价值或社会价值。例如,草原、湿地不可能进行市场交易,无经济价值,但是生态价值非常重要,经济发展一旦破坏了生态价值,无疑应该计入政府的负债。②价值量的核算。一些项目如土地、矿产、森林等可以用实物量、价值量来计量。目前自然资源经济学有相对比较成熟的自然资源资产估价方法。但是,还有一些项目价值量核算方法缺乏,如海洋资源等,过去没有进行过比较全面的价值量和实物量的统计计

量。生态环境资源的计量方面，有一些项目如清洁空气等过去从来没有统计计量过，现在使用碳排放权可以进行一定程度的价值计量，而空气污染比如雾霾，可以进行持续时间、污染严重程度等实物量的计量。但将其换算为价值计量还需要方法上的创新，需要克服许多难题，例如雾霾导致人的生活质量下降、健康状况恶化，这种损失的价值如何计量？只计量现在造成的损失的价值还是也应计量未来持续的损失的价值？价值计量确实存在难题。

（五）对自然资源负债认识分歧大，编制思路和报表框架难统一

在调研过程中，我们发现各个部门对自然资源资产的认识比较一致，但对自然资源负债的理解存在较大分歧，这导致一定程度上难以统一编制思路和报表框架。

对具体的业务部门而言，自然资源负债是指"自然资源遭受破坏或者污染导致自然资源资产减少"，自然资源负债就是自然资源资产的减少，这是比较普遍的看法，但在统计学和会计学中，这种认识的科学性不足，甚至可以说是错误的认识。

在统计部门的国民经济核算体系中，目前我国的国民经济核算体系、联合国推荐的SNA2008国民账户体系以及各国的综合环境与经济核算理论与实践中都没有环境负债的概念，当然更没有环境负债的确认、计量和报告标准。在SNA2008中，"负债"仅指金融负债，没有将环境负债纳入核算范围，因此对于专门的自然资源资产负债表而言，将会面临"有资产而无负债"的困境。

在贵州省统计局委托贵州财经大学展开的自然资源资产负债表编制设计思路中，自然资源负债是从严格的会计确认、计量、记录和报告视角设计的,力求建立和推广环境负债概念,并在此基础上设定环境负债的确认和计量方法。

上述对自然资源负债认识的差异和分歧,导致了不同业务主管部门对自然资源资产负债表编制的理解和认识具有较大差异。正是由于理解的多样性、丰富性,导致目前贵州省探索编制自然资源资产负债表的现状是各部门分头努力、齐头并进、各个突破,希望通过各部门先行先试独立进行探索之后,再进行总结经验、归纳成绩,找出一条适合贵州省省情的自然资源资产负债表编制之路。可以说,正是由于对自然资源负债认识的差异,导致了自然资源资产负债表编制思路和列报框架短期内难以统一。

(六)专业性复合型人才缺乏,知识储备不足

编制自然资源资产负债表,对人才条件要求比较高。从对知识结构的要求来看,不但要求实际编表人员了解当地主要的自然资源类型,还需要全面掌握这些自然资源的基本特征、主要分布以及存量流量信息;不但需要掌握包括国土、森林、河流、矿产等自然资源专业知识,还需要掌握较为复杂的会计、审计等财务会计专业知识。从目前的人才培养来看,无论是高等院校、职业技校,还是社会培训机构,都不能提供上述专业性复合型人才培养的方案。因此,专业人才匮乏、知识储备不足等缺陷,也对编表工作顺利进行提出了挑战。

三、政策建议

（一）成立自然资源资产负债表编制工作的组织机构和专家研究队伍

自然资源资产负债表编制工作涉及面广，跨部门协作多，难度大。从调研的情况来看，贵州省由省统计局联合省直各部门、省政府领导人直接负责是一种可行的办法。但是，同时应该成立专家小组，在组织各部门编制本部门的自然资源资产负债表的同时，专家小组要及时研究编制过程中需要解决的问题，尤其是理论问题和自然资产负债表的实际运用问题。尤其要着眼于不同的资源环境对象，密切结合管理需求，开展专题核算研究。在开展专题研究的时候，建议先进行实物量核算，再进行价值量核算。实物量核算数据容易采集，而且实物量核算是价值量核算的基础和前提。在调研中我们发现，一些地方审计部门已开始了对相关问题的审计。如果没有准确的核算基础和理论依据，势必会影响审计工作的效果和质量，从而使自然资产负债表的编制失去意义和严肃性。

（二）可率先选择可单独核算、基础数据较好的资源进行专项核算

根据《决定》精神，自然资源资产负债表需要体现全面性，即与人类生产生活行为发生联系的自然资源均应该纳入核算。但是考虑到自然资源资产负债表编制的理论与方法还处于探索阶段，加之自然资源品种繁多、核算难度大、基础数据缺乏等多种因素，自然资源资产负债表的编制可以按照由易到难的原

则逐步推进。考虑到自然资源自身的特点、核算的难度、基础数据的可得性等多重因素，贵州省目前主要是从基础数据较好的森林资源、土地资源、水资源作为突破口进行试编，将按照由简到繁、由易到难，由分自然资源品种到总体，由实物量到价值量逐步推进的原则，逐步深入推进该项工作，为今后全面综合核算探索经验。另外，由于矿产资源暂无完善的基础数据，贵州省可以后再将其纳入自然资源资产负债表核算体系，在突破各个资源环境对象后，再进行全面的综合核算。

（三）应遵循国民资产核算表的基本框架和已有的资源环境统计体系

自然资源资产负债表是从一个国家（或地区）的角度对自然资源的资产和负债进行全面综合核算。因此应该以国民经济核算体系的基本框架为蓝本。报表的基本框架、资产负债项目的设置、估计方法等方面必须遵循国民资产负债表的编制原理。

我国的自然资源与环境统计及其信息披露工作已经有了一定的基础。这项工作目前主要是建立在政府部门职能分工的基础上的，统计和信息披露范围包括矿产资源、土地资源、水资源、森林资源、海洋资源、草地资源、野生动物资源、再生资源和环境统计九大类别。2004 年国家环保总局已经提出《绿色国民经济核算体系框架研究》，同年国家统计局颁布的《中国国民经济核算体系》（2002 年中文本）中也新增加了附属账户——自然资源实物量核算表，并试编了 2000 年全国土地、森林、矿产、水资源实物量表，在黑龙江省、重庆市、海南省分别进行了森林、水、工业污染、环境保护支出等项目的核算试点。①从本质上讲,自然资源资产负债表是自然资源核算体系的重要组成之一,属于自然资源核算基础上信息的披露与报告部分。因此,自然资源资产负债表的编制方法、内容、角度应该建立在已有的统计和核算体系之上,与已有体系在标准与格式上应尽可能对接,在核算信息的基础上形成报表体系,实现原有统计和核算体系的延展和深入,使自然资源资产负债表编制建立在科学性和坚实的理论基础上。

(四) 自然资源资产负债表的编制应从可应用的角度出发

《决定》指出,建立生态环境损害责任终身追究制度,即领导干部在任职期间、在开发利用自然资源过程中,造成生态环境损害的,要追究其终身责任。因此,我们认为:第一,自然资源资产负债表编制如同干部的离任财务审计一样,可以根据审计的需要,确定某一时间段的资产与负债。第二,生态环境的变化是一个过程,一些污染产生的结果或者生态环境保护投入的效果要经过一段时间才能体现,并且往往是多种因素共同作用的结果。因此,自然资源资产负债表审计又不能完全等同于离任时财务审计,实现即时的一人一审,而是应按班子任期进行审计,任期内班子成员根据分工均承担一定的责任和义务。第三,在确定报表内容时还要考虑一个可计量原则,原则上现有自然资源统计与核算体系中不能提供数据的,就可暂不纳入自然资源资产负债表。如果个别内容非常关键而现有统计核算体系无法满足的,可待统计核算体系成熟后逐步纳入。第四,采用直接因果关系原则。目前我国有些资源开发利用对环

---

① 周龙. 资源环境经济综合核算与绿色 GDP 建立 [D]. 中国地质大学博士学位论文,2010.

境的损害是可以明确损害主体的，而有些环境损害的主体很难确定，例如流域的水污染等，对于这类资源是不易用自然资源资产负债表来考核的。

（五）内容设计应当紧紧围绕"编制目的"和"可计量性"

自然资源涉及的内容非常广泛，是将矿产资源、石油天然气资源、森林资源、土地资源、水资源、海洋资源、旅游资源等所有资源都统计列报进去还是仅统计列报部分关键资源？自然资源资产存在于开发、配置、运用、储存、保护、综合利用和再生等多个环节，自然资源资产负债表应该列报所有环节的状况还是仅列报处于某些关键环节的状况？有关资源恢复、资源保护、污染治理的支出或者支出权利、未来支出或者各项资源税费及使用权和排放权收入，是否均应当进行核算统计？

报表内容的设计应该紧贴报表的使用目的。按照《决定》，编制自然资源资产负债表应直接服务于领导干部的离任审计和绩效考核。不管是在公共管理领域还是企业管理领域，进行考核与计量的基本原则都是"要什么考核什么"（you get what you reward）、"要什么就计量什么"（you get what you measure）。因此，自然资源资产负债表的内容确定应该遵循如下基本思路：自然资源保护和利用管理工作当前的重点是什么（包括重点资源、重点环节、重点要求等）→围绕这些重点工作应该有哪些有效的考核衡量指标→围绕这些衡量指标如何在自然资源资产负债表上列报和编制相关的信息。在确定报表内容时还要考虑一个可计量原则，原则上现有自然资源统计与核算体系中不能提供数据的，就可暂不纳入自然资源资产负债表。如果个别内容非常关键而现有统计核算体系无法满足的，可待统计核算体系成熟后逐步纳入。

（六）应该形成自然资源资产负债报表体系而不是单张报表

首先，自然资源的开发利用是与经济发展密切相关的，因此，自然资源资产负债表的运用必须将资产和负债的增减与当地经济社会发展的现状相结合。如同不能用单一的经济增速指标反映当地经济社会综合发展一样，仅用自然资源资产负债表也难以全面反映当地自然资源资产的实际利用情况。

其次，在自然资源资产负债表中要同时列报数量、质量、价值量数据，同时列报存量和流量数据，作为一张报表内容将会非常庞杂，报表格式上也将难以把控。从这个角度讲，只用自然资源资产负债表一张报表来完成绩效考核和离任审计的目的，恐怕难以实现。需要围绕"自然资源状况预警监测与管理、自然资源状况审计与考核"编制多张报表，形成一个报表体系。报表体系的另一个优势就是可以实现报表数据之间的相互验证，具有实践应用价值。当然，编报的报表数量也不宜过多，报表之间要形成一定程度的主表和附表关系，从概况和详细情况两个角度来分别揭示自然资源资产和负债的变化情况。

第七章　内蒙古自治区探索编制自然资源资产负债表的实践探讨

一、内蒙古自治区编制自然资源资产负债表的进展情况

按照内蒙古自治区经济体制和生态文明体制改革专项小组的工作安排，编制内蒙古自治区自然资源资产负债表工作由内蒙古自治区统计局牵头，发改委、财政厅、国土资源厅、环境保护厅、农牧业厅、林业厅、税务局等部门配合，2014年先行启动编制呼伦贝尔市、赤峰市自然资源资产负债表，为内蒙古自治区自然资源资产负债表作先行探索。

2014年7月底，内蒙古自治区统计局初步制定了《内蒙古自然资源资产核算试点实施方案》（征求意见稿），依据先易后难、先少后多的原则，试点方案在草原、林地和湿地三个方面进行探索，待条件成熟再向土地、矿产、河流等方面扩展。

2014年8月1日，内蒙古自治区统计局邀请了内蒙古自治区林业厅、农牧业厅、环保局、审计厅有关人员召开了试点方

案研讨会。围绕《内蒙古自然资源资产核算试点实施方案》，结合自然资源资产负债的内涵、科目、价值量化等内容，对试点方案中的编表方法、数据来源、存在的问题进行讨论交流。之后，内蒙古自治区统计局对试点实施方案进行修订和完善。

2014年9月2~3日，内蒙古自治区在呼伦贝尔市召开全区自然资源资产负债核算试点培训会，并赴基层单位实地填报，与基层单位座谈。

二、内蒙古自治区自然资源资产负债表体系及思考

（一）内蒙古自治区自然资源资产负债表体系（试点）

1. 自然资源资产负债表

_____市自然资源资产负债表（试点）（征求意见稿）

项目	序号	2013年自然资源资产（亿元）				2012年自然资源资产（亿元）			
		使用（2013年初）	来源	其中：生产消耗所占比重（%）	使用与来源差额	使用（2012年初）	来源	其中：生产消耗所占比重（%）	使用与来源差额
		1	2	3	4=1-2	5	6	7	8=5-6
使用与来源合计	1								
一、森林资源	2								
（一）林地	3								
有林地	4								
疏林地	5								
灌木林地	6								
未成林地	7								
宜林地	8								
其他林地	9								
（二）森林	10								
防护林	11								

续表

项目	序号	2013年自然资源资产（亿元）				2012年自然资源资产（亿元）			
		使用（2013年初）	来源	其中：生产消耗所占比重（%）	使用与来源差额	使用（2012年初）	来源	其中：生产消耗所占比重（%）	使用与来源差额
		1	2	3	4=1-2	5	6	7	8=5-6
特用林	12								
用材林	13								
薪炭林	14								
经济林	15								
二、湿地资源	16								
（一）河流湿地	17								
其中：永久性河流	18								
季节性河流	19								
泛洪平原性湿地	20								
（二）湖泊湿地	21								
其中：永久性淡水湖	22								
季节性淡水湖	23								
（三）沼泽和沼泽化草甸湿地	24								
（四）人工湿地	25								
三、草原资源	26								
温性草甸草原类	27								
温性典型草原类	28								
温性荒漠阜原类	29								
温性草原化荒漠类	30								
温性荒漠类	31								
低地草甸类	32								
山地草甸类	33								
沼泽类	34								
使用与来源差额合计	35								

注：本表由市统计局填报。

平衡关系：使用与来源差额=使用-来源；生产消耗所占比重=生产消耗/来源×100%。

2. 森林资源资产负债表

_____市森林资源资产负债表（试点）（征求意见稿）

项目	序号	森林资源（万立方米）				森林资产（万元）			
		使用（2013年初）	来源	来源中：		使用（2013年初）	来源	来源中：	
				生产消耗	其他消耗			生产消耗	其他消耗
		1	2	3	4	5	6	7	8
使用与来源合计	1								
一、林地	2								
有林地	3								
疏林地	4								
灌木林地	5								
未成林地	6								
宜林地	7								
其他林地	8								
二、森林	9								
防护林	10								
特用林	11								
用材林	12								
薪炭林	13								
经济林	14								
使用与来源差额	15								

注：1. 使用方即资源与资产存量，为时点数；来源方即资源及资产当期消耗量，为时期数。
2. 本表由市林业局填报。

3. 湿地资源资产负债表

_____市湿地资源资产负债表（试点）（征求意见稿）

项目	序号	湿地资源（公顷）				湿地资产（万元）			
		使用（2013年初）	来源	来源中：		使用（2013年初）	来源	来源中：	
				生产消耗	其他消耗			生产消耗	其他消耗
		1	2	3	4	5	6	7	8
使用与来源合计	1								
一、河流湿地	2								
永久性河流	3								
季节性河流	4								

续表

项目	序号	湿地资源（公顷）				湿地资产（万元）			
		使用（2013年初）	来源	来源中：		使用（2013年初）	来源	来源中：	
				生产消耗	其他消耗			生产消耗	其他消耗
		1	2	3	4	5	6	7	8
泛洪平原性湿地	5								
二、湖泊湿地	6								
永久性淡水湖	7								
季节性淡水湖	8								
永久性咸水湖	9								
季节性咸水湖	10								
三、沼泽湿地	11								
藓类沼泽	12								
草本沼泽	13								
灌丛沼泽	14								
森林沼泽	15								
内陆沼泽	16								
季节性盐水沼泽	17								
沼泽化草甸	18								
地热湿地	19								
四、人工湿地	20								
库塘	21								
运河、输水河	22								
水产养殖场	23								
盐田	24								
使用与来源差额	25								

注：1. 使用方即资源与资产存量，为时点数；来源方即资源及资产当期消耗量，为时期数。
    2. 本表由市农牧业局填报。

4. 草原资源资产负债表

_____市草原资源资产负债表（试点）（征求意见稿）

项目	序号	草原资源（万亩）				草原资产（万元）			
		使用（2013年初）	来源	来源中：		使用（2013年初）	来源	来源中：	
				生产消耗	其他消耗			生产消耗	其他消耗
		1	2	3	4	5	6	7	8
使用与来源合计	1								
温性草甸草原类	2								

续表

项目	序号	草原资源（万亩）				草原资产（万元）			
		使用（2013年初）	来源	来源中：		使用（2013年初）	来源	来源中：	
				生产消耗	其他消耗			生产消耗	其他消耗
		1	2	3	4	5	6	7	8
温性典型草原类	3								
温性荒漠草原类	4								
温性草原化荒漠类	5								
温性荒漠类	6								
低地草甸类	7								
山地草甸类	8								
沼泽类	9								
……									
使用与来源差额	33								

注：1. 使用方即资源与资产存量，为时点数；来源方即资源及资产当期消耗量，为时期数。
2. 本表由市农牧业局填报。

5. 森林资源资产负债基层表

2013年森林资源资产负债基层表（试点）（征求意见稿）

填报单位：

项目	序号	森林资源（万立方米）				单位蓄积量价格（元）（按2013年价格）	森林资产（万元）			
		使用（2013年初）	来源	来源中：			使用（2013年初）	来源	来源中：	
				生产消耗	其他消耗				生产消耗	其他消耗
		1	2	3	4		5	6	7	8
使用与来源合计	1									
一、林地	2									
有林地	3									
疏林地	4									
灌木林地	5									
未成林地	6									
宜林地	7									
其他林地	8									
二、森林	9									
防护林	10									
特用林	11									
用材林	12									

续表

项目	序号	森林资源（万立方米）				单位蓄积量价格（元）（按2013年价格）	森林资产（万元）			
		使用（2013年初）	来源	来源中：			使用（2013年初）	来源	来源中：	
				生产消耗	其他消耗				生产消耗	其他消耗
		1	2	3	4	5	6	7	8
薪炭林	13									
经济林	14									
使用与来源差额	15									

单位负责人：　　　　　　　　填表人：　　　　　　　　填表时间：

注：1. 使用方即资源与资产存量，为时点数；来源方即资源及资产当期消耗量，为时期数。
　　2. 单位蓄积量价格为每立方米森林资源2013年的估算价格。

6. 湿地资源资产负债基层表

2013年湿地资源资产负债基层表（试点）（征求意见稿）

填报单位：

项目	序号	湿地资源（公顷）				单位面积价格（元）（按2013年价格）	湿地资产（万元）			
		使用（2013年初）	来源	来源中：			使用（2013年初）	来源	来源中：	
				生产消耗	其他消耗				生产消耗	其他消耗
		1	2	3	4	5	6	7	8	9
使用与来源合计	1									
一、河流湿地	2									
永久性河流	3									
季节性河流	4									
泛洪平原性湿地	5									
二、湖泊湿地	6									
永久性淡水湖	7									
季节性淡水湖	8									
永久性咸水湖	9									
季节性咸水湖	10									
三、沼泽湿地	11									
藓类沼泽	12									
草本沼泽	13									
灌丛沼泽	14									
森林沼泽	15									
内陆沼泽	16									
季节性盐水沼泽	17									
沼泽化草甸	18									

续表

项目	序号	湿地资源（公顷）				单位面积价格（元）（按2013年价格）	湿地资产（万元）			
		使用（2013年初）	来源	来源中：			使用（2013年初）	来源	来源中：	
				生产消耗	其他消耗				生产消耗	其他消耗
		1	2	3	4	5	6	7	8	9
地热湿地	19									
四、人工湿地	20									
库塘	21									
运河、输水河	22									
水产养殖场	23									
盐田	24									
使用与来源差额	25									

单位负责人：　　　　　　　　填表人：　　　　　　　　填表时间：

注：1. 使用方即资源与资产存量，为时点数；来源方即资源及资产当期消耗量，为时期数。
　　2. 单位面积价格为每公顷湿地2013年的估算价格。

7. 草原资源资产负债基层表

2013年草原资源资产负债基层表（试点）（征求意见稿）

填报单位：

项目	序号	草原资源（万亩）				单位面积价格（元）（按2013年价格）	草原资产（万元）			
		使用（2013年初）	来源	来源中：			使用（2013年初）	来源	来源中：	
				生产消耗	其他消耗				生产消耗	其他消耗
		1	2	3	4	5	6	7	8	9
使用与来源合计	1									
温性草甸草原类	2									
温性典型草原类	3									
温性荒漠草原类	4									
温性草原化荒漠类	5									
温性荒漠类	6									
低地草甸类	7									
山地草甸类	8									
沼泽类	9									
……										
使用与来源差额	33									

单位负责人：　　　　　　　　填表人：　　　　　　　　填表时间：

注：1. 使用方即资源与资产存量，为时点数；来源方即资源及资产当期消耗量，为时期数。
　　2. 单位面积价格为每万亩草原2013年的估算价格。

（二）对内蒙古自治区自然资源资产负债表编制的几点思考

（1）从严格意义上讲，内蒙古自治区编制的报表不是自然资源资产负债表，而更像是自然资源资产变动表（包括实物量和价值量变动）。因为从这7张报表列报的内容来看，均未涉及自然资源负债这一概念。

（2）从报表列报的内容看，湿地资源项下，人工湿地不符合自然资源的定义，应该考虑删除。

（3）表宾栏中，用"使用"表示资源、资产的年初存量；用"来源"表示资源、资产的当年消耗量。这种表达方式不直观，很容易产生误解。一般而言，"使用"表示的是资源或物资的减少；"来源"更多地表达的是一种存量的含义。

（4）森林资源资产负债表涉及林地和森林两项资源；在实际工作中，森林资源是不包括林地资源的；二者计量单位也是不一致的，林地的计量单位是面积，而森林的计量单位是立方米。因此，应该将森林资源资产负债表和森林资源资产负债基层表这两张表，分森林资源和林地资源分开列报。

（5）一般而言，自然资源实物量是采用普查方式进行核算计量的；自然资源价格则往往采用抽样的方式来确定，每种自然资源的实物量很难与其价格一一对应，因而价值量的计算含有很大的估算成分。

（6）就草原资源资产负债表而言，将草原资源分为温性草甸草原、温性典型草原、温性荒漠草原、温性草原化荒漠、温性荒漠、低地草甸、山地草甸、沼泽等30种类别并不能很好地反映草原面积的变化情况；选择放牧草地、改良草地、天然草地和宜割草地等对草地资源变化的灵敏度更高，更能准确地反映出草地资源的资产状况。

总体来看，内蒙古自治区自然资源资产负债表主栏和宾栏列报的具体内容还存在不规范的问题，需要进一步完善。

三、内蒙古自治区与贵州省探索编制自然资源资产负债表的比较

（1）从选择的自然资源类别上看，两省区均选择了可以单独核算、基础数据较好的资源进行专项核算。贵州省选择了土地、水和森林；内蒙古自治区则选择了森林、草原和湿地。

（2）从工作机制上看，二者均为以统计局为牵头单位、各单位配合的工作机制。但从各部门参与深度来看，贵州省的做法是交由省国土资源厅、水利厅和林业厅三个部门编制，部门单位是编表和填报的主体；内蒙古自治区则是由自治区统计局与各部门沟通后，统计局编制出三类资源的资产负债表，然后交与试点单位填报。

（3）从实施路径上看，贵州省从省统计局绘制自然资源资产负债总表、科研单位编制自然资源资产负债表、各部门编制部门自然资源资产负债表三条路线展开；而内蒙古自治区选择的是区统计局编表。

（4）从试点的范围上看，贵州省选择了两个县（赤水县和荔波县）作为试点地区；内蒙古自治区则是选择了两个市（呼伦贝尔市和赤峰市）作为试点地区。

（5）从编表的基础上看，两个省区选择了以统计核算作为编表基础。自然资源资产负债表的编表基础有三个：一是会计核算的角度，遵循"资产–负债=净资产（即所有者权益）"这

一会计恒等式，编制自然资源资产负债表问题，就变成了对自然资源进行产权界定和相关资产、负债、净资产等自然资源会计要素的价值量核算问题；但实践操作难度较大，需要引入环境负债概念，同时会面临大量的核算和计量难题。二是以联合国综合环境经济核算体系（SEEA）的基本结构为蓝本来编制自然资源资产负债表，但是 SEEA 体系中，仅包括金融负债，并没有环境负债概念。三是以现有统计核算为基础，延伸和扩展自然资源资产负债表。

（6）从自然资源资产负债表的结构上看，二者均编报了自然资源的资产，不涉及负债项目，对自然资源资产的计量既有实物量也有价值量，并试图通过自然资源等级来反映质量差异。

（7）从存在的问题上看，主要集中在自然资源核算的范围、估值以及自然资源负债这几个方面。

四、政策建议

（一）做好顶层设计，引导地方编报探索

目前在国内外，自然资源资产负债表的编制还没有成熟的思路和方法。贵州省、内蒙古自治区的探索更多局限在各管理部门负责监管的自然资源变化统计上。事实上，大多数省市都只是摸底，极少有地方能给出一个完整的规范性指导方案。因此，需要国家做好顶层设计，引导地方编报探索。

一方面，对自然资源资产负债表的框架、自然资源填报范围、计量等需要有明确的界定。首先，需要确定自然资源资产

负债表的理论框架，通过研究和借鉴国际经验，建立一个与国际接轨、比较理想的、与国家统计核算制度衔接的、分步实施的自然资源资产负债核算体系框架。其次，应明确哪些自然资源应纳入填报范围。自然资源种类繁杂，包括土地资源，水资源，煤炭、石油等矿产资源，森林、海洋、野生动物等生物资源，以及空气、生态系统等生态环境资源。例如，有些地区将湿地纳入填报范围，但是目前对湿地的统计仅限于面积的计量，对其范围内的林木、物种的测量还没有展开，因而还谈不上价值的计量问题，从现阶段来看，不易将其纳入填报范围。最后，还需要界定自然资源定价方法。市场交易价格、历史成本、未来收益的折现价值和重置修复成本四种计价方式，不同的计价方法的价值量差异非常大，需要尽快提出标准化的价值计量方法。

另一方面，应制定编制自然资源资产负债表的线路图。自然资源定价、折耗和存续时间的不确定性、风险性和长期性等特点决定了编制自然资源资产负债表不能一蹴而就。而不同类别自然资源的确认、计量存在的技术难度不同，因而在实施路径上，建议可按照自然资源实物量表→自然资源价值量表→自然资源资产负债表的路径实施，即以实物资产为编制起点，逐步丰富自然资源资产负债表内涵。结合中共十八届三中全会对编制自然资源资产负债表的任务要求、以国家统计局为牵头单位编制自然资源资产负债表的任务分解以及各省区编制自然资源资产负债表的实际情况考虑，具体路线图安排如下：

2017年，建立主要自然资源实物量表，同时开展自然资源资产负债表编制基础研究。2019年，形成我国自然资源资产负债表编制方案。2020年，初步编制出我国自然资产负债表。

需要强调的是，根据不同类别自然资源的核算难度、政府决策需要的不同紧迫程度、社会监督和政府问责的需求差异，先选取能够在市场交易的、具有较为可靠计价基础的自然资源进行试点并编制报告，再有重点、分步骤、循序渐进地编制出自然资源资产负债表。

（二）发挥科研机构研究力量，加强理论研究，为编报提供支持

目前，国内外还没有形成比较统一、标准、成熟的自然资源统计核算体系，编制自然资源资产负债表的定义、标准、制度、方法等理论问题均亟待创新研究。是以会计视角编制自然资源资产负债表，还是采取国民经济核算体系或统计报表形式编制自然资源资产负债表，目前还没有达成统一共识。主要原因是对于相关概念和技术细节还没有认识清楚。例如，如何界定纳入编表的自然资源资产，如何界定负债，自然资源资产在表中如何进行列报和披露，建立起来的编制体系是否科学可行。这些问题不统一，报表编制形式难以确定。因此要充分发挥科研机构的作用，加强自然资源核算的理论研究，为编制自然资源资产负债表提供理论指导和技术支撑。

同时，应成立自然资源资产负债表专家小组，在国家统计局组织各部门编制本部门的自然资源资产负债表的同时，专家小组要及时研究编制过程中需要解决的问题，尤其是理论问题和自然资产负债表的实际运用问题，加强编报工作中的理论研究和实践指导。

（三）加大对以统计局为牵头单位各部门配合的支持力度，完善协调机制

目前，从事自然资源资产核算的部门和单位，国家层面以国家统计局为牵头单位，财政部、环保部、水利部、国土部、林业局等有关部门参与，承担编制自然资源资产负债表任务，由财政部门主导的政府资产负债表正加速编制之中。我国自2011年开始进行权责发生制政府综合财务报告的试编工作，《2011年度权责发生制政府综合财务报告试编办法》决定对"公共储备物资"进行核算，自然资源作为一项重要的公共储备物资，也纳入了政府资产负债表的范畴。目前，财政部门正在抓紧研究自然资源的范围，资产和负债的定义、确认标准和列报方式。我国国民经济核算体系（SNA）由基本核算表、国民经济账户和附属表三部分构成，其中附属表包括自然资源实物量核算表和人口资源与人力资本实物量核算表。

编制自然资源资产负债表既有其相对独立的一面，同时还需要与政府资产负债表及现有国民经济核算中的相关自然资源实物量核算表联系起来，应注意其内在联系，避免重复核算带来的资源浪费。

编制自然资源资产负债表不仅涉及统计和会计知识，还涉及草原、林地、湿地、土地、矿产、河流等专业知识，而这些知识的取得需要相关部门的支持。因此，编制自然资源资产负债表需要各部门密切配合、大力支持。编制自然资源资产负债表工作因而也是一项全局性工作，各部门应增强责任感、紧迫感，把编制自然资源资产负债表工作提到议事日程，明确具体负责此项工作的分管负责同志、承办部门和工作人员。同时，编制自然资源资产负债表是一项长期的艰巨性工作，财政部门

应在经费方面给予大力支持，同时各部门应充实加强编报人员力量，为高质量地开展自然资源资产负债表工作提供保障。

（四）鼓励和引导编制自然资源资产负债表先行先试

编制自然资源资产负债表作为一项新的核算制度，不仅存在着与传统国民经济核算制度不接轨从而统计数据收集分析难的问题，而且面临着由于数据庞大、涉及部门众多、推行起来困难的问题。目前可行的方法是通过开展试点工作，率先在一些地区先行先试编制自然资源资产负债表。通过先行先试，积极推进自然资源资产负债表编制工作，不断总结、及时调适，完善编制自然资源资产负债表相关方案，为全国推广编制自然资源资产负债表积累经验、提供示范。同时，国家统计局及相关部门要加强引导先行先试，避免在编制自然资源资产负债表过程中出现方向性的偏差和盲目性冒进。

（五）夯实自然资源资产负债表编制基础，逐渐推广应用

编制自然资源资产负债表是一项科学复杂的系统工程，需要经历探索、成熟、应用三个阶段，不断完善。一方面，各级政府和部门要夯实自然资源资产负债表编制基础，做好统计的基础性工作，完善基础数据监测；另一方面，本着先试点再推广应用的原则，各部门应协调配合、共同探讨，将自然资源资产负债表更好地应用于领导干部离任审计，稳妥开展自然资源资产负债表的应用。

第八章　鄂托克前旗自然资源资产负债表编制试点案例

2015年8月1~4日，中国社会科学院工业经济研究所探索编制自然资源资产负债表课题组一行调研了内蒙古鄂尔多斯市鄂托克前旗自然资源资产负债表编制的进展情况。鄂托克前旗位于鄂尔多斯市西南部、蒙陕宁三省区交界处，旗内资源丰富，拥有得天独厚的生态资源。为进一步掌握自然资源资产现状和合理评估生态文明建设成效，鄂托克前旗人民政府在鄂尔多斯全市范围内率先探索编制自然资源资产负债表，统计全旗自然资源资产状况并核算其动态变化情况，为该旗开展领导干部自然资源资产责任审计工作打下了基础，为实施生态绩效考核制度提供了技术支撑。根据会议记录和资料整理，下面就鄂尔多斯市在基层试点探索编制自然资源资产负债表的开展情况进行总结汇报。

一、鄂托克前旗经济发展与自然资源现状分析

鄂托克前旗位于内蒙古自治区鄂尔多斯市西南部，地处蒙陕宁三省区交界处，是鄂尔多斯高原的组成部分。其地形属鄂尔多斯高原，地貌上处于鄂尔多斯高原向毛乌素沙地过渡类型，主要由鄂尔多斯梁地和毛乌素沙地两大地貌单元组成。鄂托克前旗属典型的温带大陆性季风气候，四季分明，春迟夏短，秋早冬长，昼夜温差大，雨雪稀少，蒸发强烈，气候干燥，风沙较大，多年平均气温7.9℃左右，年平均降水量291.4毫米，主要灾害性天气包括旱灾、虫灾、沙暴和冰雹等。

（一）鄂托克前旗经济社会发展分析

鄂托克前旗曾是内蒙古自治区33个牧业旗之一，是典型的老少边贫地区，也是鄂尔多斯建旗最晚、经济总量最低的旗，长期以来农牧业是主导经济。"十一五"期间，全旗充分发挥资源优势，经济发展方式实现了由农牧业主导型向工业主导型的转变。进入"十二五"以来，全旗紧紧围绕建设"国家级能源化工基地"、"国家级城乡统筹发展示范区"和"全国文明旗"的发展目标，经济得到了迅速发展。

2014年，鄂托克前旗实现地区生产总值127.34亿元，按可比价格计算，增长7.8%，与上年同期相比降低了11.8个百分点，其中，第二产业增加值占地区生产总值的比重为63.1%。

（二）鄂托克前旗自然资源现状分析

鄂托克前旗属于荒漠草原地带，植物区系成分以干旱地区

的种类占主导地位。由于沙地的广布和梁、沙、滩相间分布的地貌类型，鄂托克前旗植被类型在分布上表现出相互交错的特征，类型界线犬牙交错。地带性植被可划分为典型草原、荒漠草原和草原化荒漠三个类型。灌丛草场面积约占草地总面积的78%以上，主要的濒危植物有藏锦鸡儿、霸王、沙冬青等。

在水资源方面，鄂托克前旗地下水资源较为丰富，但地表水比较缺乏。地表水资源量仅为0.26亿立方米（主要分布在东南端无定河和西部的水洞沟），占水资源总量的10.7%；地下水资源量为2.16亿立方米，占水资源总量的89.3%；水资源可利用总量为1.4267亿立方米，其中地表水占5%，地下水占95%。

鄂托克前旗蕴藏着丰富的矿产资源，经初步查明，主要矿产资源有煤、天然气、石油、石盐、芒硝、石膏等。截至2014年底，全旗共有上表矿区1个（上海庙矿区），上表矿种1种（煤），资源分布集中，储量丰富，组合配置条件好，开发前景广阔。

鄂托克前旗年平均日照时数长，是中国太阳辐射和日照时数最多的地区之一，全年平均风速较大，最大风速能达到27米/秒，因此，太阳能和风能等清洁能源利用潜力巨大。但目前全旗对太阳能和风能的利用主要分布在布拉格、昂素、毛盖图和珠和等部分无电区，尚未形成规模，只是以家庭为单位的民间用户。现正规划建设风能发电场和太阳能光伏发电场，加强对清洁能源的利用。

（三）鄂托克前旗生态建设情况分析

2011年以来，该旗率先在全市推行了禁牧政策，在不断加大禁牧、休牧、划区轮牧和以草定畜工作力度的同时，制定出台种树种草补贴、舍饲养殖扶持等优惠政策，加大投入力度，引导农牧民调整种植业结构。与此同时，鄂托克前旗严格落实农牧业"三区"发展规划，率先建立生态自然恢复区。生态恢复区的建立，既改善了生态环境，也为工业经济发展拓展了空间、提供了环境容量，同时加快了农牧民向城镇和第二、第三产业转移的步伐，推动了城乡一体化发展。除此之外，前期还加强了工程造林、退耕还林、封沙育林等保育措施，全旗植被覆盖度和森林覆盖率均有所提高。

在此背景下，鄂托克前旗政府积极响应党和国家生态文明建设号召，立足实际，自我革新，探索编制具有西北特色、能反映鄂托克前旗自然生态系统现状的自然资源资产负债表，在明确自然资源资产分类和核算指标的基础上，对各类自然资源的实物量、价值量、质量变化等情况进行深入分析，形成了科学、系统的自然资源资产负债表体系，为鄂托克前旗制定自然资源资产保护政策、发展规划以及领导干部责任考核制度提供了依据。

二、鄂尔多斯市自然资源资产负债表试点工作开展情况

（一）成立工作机构，确立工作目标

自然资源资产负债表是中共十八届三中全会提出的新理念，自然资源资产负债表的编制工作是一个崭新的课题，目前不管是国内还是国外，都没有形成成熟的思路和方法。鄂尔多斯是国家发改委确定的综合改革试点地区，自然资源资产负债表的相关工作一直被外界所关注。为此，鄂尔多斯市委市政府高度重视，把此项工作列为2015年全市重点工作，根据《鄂尔

多斯市市委关于全面深化改革工作的实施意见》（鄂党发〔2014〕6号）和《鄂尔多斯市人民政府关于印发2015年市人民政府重点工作分解落实方案的通知》（鄂府发〔2015〕29号）的有关精神，成立了以王挺副市长为组长的鄂尔多斯市自然资源资产负债表编制领导小组。领导小组办公室设在市统计局，成员单位涵盖了市林业局、农牧业局、国土局、发改局、财政局等相关部门，并确定鄂托克前旗为该市此项改革任务的试点地区。

同时，鄂尔多斯市确立了探索编制自然资源资产负债表的总体工作目标，即在2018年，建立比较科学完整的自然资源资产负债核算指标体系，编制全市及旗区自然资源资产负债表，为开展领导干部自然资源资产离任审计提供依据，为建立自然资源资产审计评价考核体系奠定基础。

为保证总体目标的顺利完成，鄂尔多斯市制订了分阶段目标：2015年，编制森林、草原、湿地、矿物和能源、土地资源实物量资产账户；2016年，在全市范围内推动各旗区编制森林、草原、湿地、矿物和能源、土地资源实物量资产账户；2017年，全面开展全市及旗区自然资源实物量核算账户的编制工作，探索和开发主要自然资源资产的估值技术，编制全市主要自然资源价值量资产账户；2018年，全面完成全市及旗区自然资源资产负债表编制工作，形成成熟、定型的一套编表思路、编表体系和编表方法。

（二）布置2015年工作，征询部门意见

按照内蒙古自治区统计局的相关要求，鄂尔多斯市自然资源资产负债表试点工作主要集中在自然资源资产实物量数据采集和台账编制工作。鄂尔多斯市政府发布《鄂尔多斯市人民政府办公厅关于做好自然资源资产负债表编制工作的通知》，对2015年相关工作进行布置，要求2015年按照《内蒙古自然资源资产负债核算试点方案》，填报《自然资源资产存量变动表（实物量）》，编制森林、草原、湿地、矿物和能源、土地资源实物量资产账户。

目前，该市各相关单位已经上报了相关报表，同时发现了一些问题。一是数据时效问题。林业局和农牧业局缺少对森林、草地、湿地相关数据的动态监测，最新的数据仅有2010年普查资料，不能完整提供2013年和2014年的数据。矿物和能源及土地资源变动表中的数据需要国土局上级部门认定反馈，据了解，2014年的数据需要等到2015年底才能反馈，因此实际仅取得了2013年数据。二是指标口径存在差异。据基层填报单位反映，相关自然资源统计报表中的一些指标和部门统计口径与表述上有差异，填表时有些无从下手。

（三）大胆创新尝试，编制试点方案

鄂托克前旗作为鄂尔多斯市探索编制自然资源资产负债表的试点地区，各项工作正在紧锣密鼓地推开。近期，制订了《鄂托克前旗自然资源资产负债表编制工作方案》，提出了自然资源资产负债表西北模式的概念，比较系统地设计了自然资源资产负债表体系。该体系包含实物量表、质量表、流向表、价值表、负债和损益表五大类框架体系。鄂托克前旗的主要做法是：

第一，引入第三方技术团队，提供技术保障。自然资源资产负债表编制是一项专业性极强的工作，既要体现自然资源资产的经济价值，又要体现自然资源资产的生态价值；既要反映区域内自然资源资产现状，又要能够客观反映生态环境管护工

作实绩。就统计部门的人员来说，专业知识就有些跟不上。鄂托克前旗邀请了外部专家参与试点方案的设计及编制，主要负责设计自然资源资产负债表体系，构建自然资源资产质量价格体系，实现自然资源实物量到价值量的转化以及最终编制资产负债表，解决编表工作中的主要技术难题，为编表工作的顺利实施提供技术保障。

第二，部门联动，建立自然资源资产数据库。由于资产负债表的编制和应用是一项系统工程，涉及各类自然资源资产，工作量大，任务重，需要大量的人力和物力，且不同的自然资源资产统计分属于各个不同的职能部门，增加了该项工作开展的难度。鄂托克前旗建立了多部门参与的领导小组，并明确了各部门的工作任务。在编制过程中，旗统计局是牵头单位，是联络各部门及第三方设计单位的桥梁，各部门是此项工作的具体实施者。各自然资源主管单位编写数据采集方案，建立单项自然资源资产台账，形成资产数据库，并编制该项资源的资产负债表，最终汇集到旗统计局，形成鄂托克前旗自然资源资产数据库。

第三，编制质量表，实现实物到价值的转换。鄂托克前旗的试行方案，通过自然资源的质量表反映资产质量情况，通过质量价值关系将质量的好坏转化为价值的高低。如设计草原质量表，通过充分考虑当地实际情况确定影响草原质量的主要因素，如生物量、土壤类型、地下水位、优势草种、生物灾害情况等，把它们确定为评估草原质量的评估因子，并赋予不同的权重，算出草原的质量得分。然后由发改委牵头，根据质量得分，实现实物到价值的转化。

三、鄂托克前旗自然资源资产负债表的编制原则和依据

（一）编制原则

编制自然资源资产负债表需遵循以下三个原则：

（1）代表性原则。

所选指标应能够代表鄂托克前旗自然资源资产的基本类型。自然资源资产指标的选取必须符合自然资源保护的内涵和全面反映各类资源的特征。各指标必须要能反映出自然资源的实际情况，且其考量方式应具备较强的科学依据。在此基础上，兼并考虑能反映鄂托克前旗自然资源资产特色的指标。

（2）简明性原则。

繁杂的自然资源资产指标会给数据收集和价值核算工作带来极大的困难，而且核算因子过多可能会导致所涵盖内容发生重叠，使得数据被重复计算，出现最终资产价值结果不准确的情况。因此，在设计核算指标和核算因子时，必须使得各指标、各因子间不存在很强的相关性，以确保每个指标都能明确地被评估，不存在异议。

（3）可操作性原则。

指标数据易于获得和更新，便于应用，即各指标数据能够通过一定的技术手段获取，评价指标比较客观，操作性强。

（二）编制依据

鄂托克前旗自然资源资产负债表编制主要依据有：①《中共中央关于全面深化改革若干重大问题的决定》；②《中共中央国务院关于加快推进生态文明建设的意见》；③《鄂尔多斯市人

民政府办公厅关于印发国家生态文明先行示范建设实施方案的通知》（鄂府办发〔2015〕47号）；④深圳市自然资源资产核算体系及负债表研究；⑤企业资产负债表及其编制方法；⑥国民资产负债表。

(三) 主要创新点

（1）鄂托克前旗自然资源资产负债表是我国西北地区第一个综合反映脆弱生态区和能源战略分布区的自然资源资产状况的负债表，通过选取西北地区代表性指标反映鄂托克前旗的主要自然资源资产的变化过程及结果，是对自然资源资产负债表"西北模式"的实践探索。

（2）鄂托克前旗自然资源资产负债表突破传统的资产确认条件，明确了自然资源的资产属性，同时采用实物计量和价值计量来列报和披露该旗的自然资源资产，为实行领导干部自然资源资产责任审计提供了技术支撑。

（3）鄂托克前旗自然资源资产负债表以企业资产负债表为模板，以自然资源资产核算体系为基础，遵从负债表的勾稽关系，对自然资源资产的价值及形成自然资源资产的资金来源分别列表，确保资产项与负债项的平衡。

四、鄂托克前旗自然资源资产负债表编制工作方案

为深入贯彻落实中共十八大和十八届三中全会、四中全会及习近平总书记系列重要讲话精神，推进鄂托克前旗生态文明建设，探索建立建设鄂托克前旗自然资源资产负债表体系，加快实施鄂托克前旗自然资源资产负债表编制工作，根据《鄂尔

多斯市人民政府办公厅关于印发国家生态文明先行示范建设实施方案的通知》（鄂府办发〔2015〕47号）的要求，结合鄂托克前旗实际，制定本方案。

（一）指导思想

以国家生态文明建设先行示范区和生态脆弱区重点保护区为工作基础，以构建"西北模式"的鄂托克前旗自然资源资产负债表为重点，突出西北地区的重点自然资源资产，全面摸清鄂托克前旗自然资源的"家底"，形成自然资源资产清单和管理数据库，建立自然资源资产台账制度和核算体系，高水平、高质量地完成自然资源资产负债表体系的构建工作。

（二）工作原则

1. 科学性原则

自然资源资产负债表体系借鉴了企业资产负债表框架的内涵，将自然资源资产生态服务系统以价值化的形式形成资产负债表体系，它所表征的自然资源资产应可报告、可核查、可考核，且能够明确地反映对自然资源资产维护改造的投入（负债）和拥有的自然资源资产权益情况，指标的选取必须符合自然资源保护的内涵，具备较强的科学依据。

2. 全面性原则

鄂托克前旗自然资源资产负债表全面衡量了西北地区自然资源资产的综合性，既要包括自然资源资产的各项指标，又要考虑到生态服务功能的各个因子及有关气象条件的影响；既要体现当期自然资源资产数量、质量的变化，又要反映当期生态服务功能与价值增减情况及变化原因。因此，编制自然资源资产负债表必须能够反映旗内各类自然资源的特征与实际情况、自然资源资产管护现状，突出自然资源资产变化的过程、生态资源开发利用和保护工作的成效。

3. 系统性原则

自然资源资产负债表是一个具有较强的层级结构的表系统，包括自然资源资产核算和负债表编制两大部分，其中核算体系应该包括核算指标、核算因子、核算方法和核算基准等环节；负债表体系则包括实物量表、质量表、价值表、流向表、负债与损益表五大类。在指标和内容设计上系统性特色应更加突出，从而形成自然资源价值发现和资产管理的完整体系。

（三）工作目标

（1）提出自然资源资产负债表"西北模式"，为鄂托克前旗、鄂尔多斯市乃至西北地区自然资源资产管理提供技术指导。

（2）构建自然资源资产负债表体系，为实施党政领导干部责任审计制度生态文明体制机制改革工作奠定基础；为科学开发、合理利用自然资源资产和生态补偿提供科学依据，促进生态环境质量提高，实现经济社会可持续发展。

（3）开展自然资源资产数据采集工作，并建立自然资源资产台账制度，适时掌握鄂托克前旗自然资源的总体和变动情况，为相关部门对自然资源资产的管理提供数据平台。

（4）构建自然资源资产核算体系，开展自然资源资产核算工作，为客观、科学、全面衡量旗区的自然资源资产价值，准确掌握旗区的自然资源资产状况，检验鄂托克前旗在环境保护与生态文明建设方面的成效提供技术方法。

（四）工作任务及时间安排

1. 提出自然资源资产负债表"西北模式"的概念

从编制目的、意义、依据、内涵、基本特征、表现形式等方面入手，提出自然资源资产负债表"西北模式"的概念，为鄂托克前旗乃至西北地区自然资源资产负债表编制提供技术指导。该项任务由旗统计局负责，2015年7月底前完成。

2. 构建自然资源资产负债表体系

借鉴自然资源资产负债表的深圳模式及其他地区编制经验，结合鄂托克前旗脆弱生态区和能源战略分布区的实际，探索建立反映鄂托克前旗生态系统的自然资源资产负债表体系，建立包含实物量表、质量表、流向表、价值表、负债与损益表五大类的框架体系。采用总表与分表相结合的方法，构建自然资源资产负债表系列。明确负债表系统结构及所含指标，全面记录当期管理主体对自然资源资产维护改造的投入（负债）和拥有的自然资源资产权益情况，科学评估当期自然资源资产实物量和生态功能服务量的变化，凸显生态保护工作成效。

（1）编制实物量表，包括自然资源资产期初量、期末量、变化量和变化率，反映实物存量（数量）变化情况，提供自然资源资产核算和负债表编制工作的数量基础。

（2）编制质量表，记录当期自然资源资产的期初质量、期末质量和同比变化幅度，反映质量变动情况，为开展自然资源资产核算提供质量依据。

（3）编制流向表，记录各类自然资源资产存量值和流向，反映自然资源资产实物存量和质量变化的原因，为明确自然资源资产损益责任提供依据。

（4）编制价值表，核算各类自然资源资产实物价值和生态系统服务价值，记录当期自然资源资产价值的变化情况，并作为资产项构成自然资源资产负债总表。

（5）编制负债表，建立各类自然资源负债和所有者权益的勾稽关系，综合评价当期内各类自然资源资产的变动情况，并作为负债与权益构成自然资源资产负债总表。

3. 建立自然资源资产数据库并开展数据普查

建立鄂托克前旗自然资源资产数据库，全面开展旗内自然资源资产数据普查。重点采集土地资源（林地、草地、湿地、城市绿地和耕地）、生物资源（珍稀濒危动物）、水资源（地表水、地下水）、矿产资源（煤炭、天然气）、环境资源（大气资源）、特色资源（风能、太阳能）六类自然资源的实物量、质量、价格、流向等方面的基础信息，并录入自然资源资产数据管理系统。鄂托克前旗统计局负责数据库建立和数据审核；鄂托克前旗自然资源资产管理部门负责相应自然资源资产的数据普查和录入工作。

4. 建立完善的自然资源资产管理台账

在完成鄂托克前旗自然资源资产数据库的基础上，建立完善统一的数据管理台账制度，定期填报自然资源资产明细账页，包括各类自然资源的管理权属、资源类型、数据来源、期初面积、变化面积、期末面积等方面信息；登记以镇为单位的自然资源资产信息和日常生态保护工作信息，包括对管理权的变更、资源数量变化原因的分析和总结等。鄂托克前旗统计局牵头与相关部门负责台账制度和台账表格设计，鄂托克前旗自然资源资产管理部门负责相应的台账建设和管理，预计2016年12月底前完成台账建设工作，常态化实施。

5. 构建自然资源资产质量价格体系

构建自然资源资产质量价格体系，明确自然资源资产定价规范与标准，建立自然资源资产质量与价值的对应关系，确保在自然资源资产价值核算中，充分考虑自然资源质量变化对价值的影响，为有效开展旗内自然资源资产价值核算提供科学依据。该项任务由鄂托克前旗发改局负责，委托第三方技术单位开展，计划2016年12月底前完成。

6. 建立自然资源资产价值核算体系

根据鄂托克前旗土地资源（林地、草地、湿地、城市绿地和耕地）、生物资源（珍稀濒危动物）、水资源（地表水、地下水）、矿产资源（煤炭、天然气）、环境资源和特色资源六类自然资源资产特性，建立统一、规范的自然资源资产核算体系，确定核算指标、核算因子、核算方法与核算工作流程。结合前期采集的基础数据，对旗内自然资源资产实物价值和生态服务功能价值列表核算，以货币形式表征当期自然资源资产的价值，为填报自然资源资产价值表、负债表和损益表提供数据支持。该项任务由鄂托克前旗统计局负责，鄂托克前旗自然资源资产管理部门配合，委托第三方技术单位开展，计划2016年12月底前完成。

（五）保障措施

1. 加强组织领导

成立以鄂托克前旗政府常务副旗长高荣堂同志为组长，旗政府办副主任高志国同志、旗统计局局长赵巴音同志为常务副组长，旗自然资源资产有关部门领导为成员的自然资源资产核算评估领导小组，负责组织、协调、指导自然资源资产负债表的编制工作。领导小组下设办公室，办公室设在鄂托克前旗统计局，负责组织开展自然资源资产负债表编制工作。

2. 强化专业岗位建设

由于资产负债表编制和应用是一项系统工程，涉及各类自然资源资产，工作量大，任务重，需要大量的人力、物力，且不同的自然资源资产又分属于各个不同的职能部门，增加了该项工作开展的难度。自然资源资产负债表的编制工作必须统一部署，强力推进，鄂托克前旗组织人事部门应对负责自然资源资产负债表编制的部门予以支持，增设专业岗位，增加相关人员，确保鄂托克前旗自然资源资产负债表的编制工作顺利进行。

3. 强化资金保障

自然资源资产负债表编制工作是开展党政领导干部自然资源资产责任审计的技术基础，也是鄂托克前旗生态文明建设的重要内容，旗财政部门应针对工作中需要的资金进行重点保障，加大财政支持力度，并纳入年度部门预算，保证各项资金及时到位，确保自然资源资产负债表编制工作有序开展。

4. 引入技术支撑团队

自然资源资产负债表编制是一项专业性极强的工作，既要表征自然资源资产的实物价值，又要体现自然资源资产的生态价值；既要反映旗内自然资源资产现状，又要客观反映生态环境管护工作实绩，因此应将第三方技术单位、相关领域专家作为技术支撑力量引入自然资源资产负债表工作小组或专家顾问，解决自然资源资产负债表编制过程中专业性、复杂性的技术难题，为自然资源资产负债表编制工作的顺利实施提供技术保障。

五、鄂托克前旗自然资源资产负债表（试行）

（一）总体框架

自然资源资产负债表，即核算自然资源资产的存量及其变动情况，以全面记录当期（期末–期初）自然资源和各经济主体对自然资源资产的占有、使用、消耗、恢复和增值活动，评估当期自然资源资产实物量和价值量的变化。

由于没有可以直接利用的自然资源资产负债表编制模式，因此本报告率先提出自然资源资产的"西北模式"，并借鉴企业资产负债表的通用形式，建立符合鄂托克前旗生态环境现状的自然资源资产负债表，明确反映资产与负债（权益）的对应关系。

1. "西北模式"负债表

（1）"西北模式"提出的依据。

提出自然资源资产的"西北模式"，主要是基于鄂托克前旗位于我国国家西北地理区位。它是我国国家煤炭资源开发利用的战略基地（全国14个大型煤炭基地宁东—上海庙基地的重要组成部分，是蒙陕甘宁能源"金三角"）；国家环保部、科技部和商务部确定的创建国家级生态工业示范园区的能源化工园区；国家发改委首批生态文明建设先行示范区；全国生态脆弱区重点保护区——西北荒漠绿洲交替生态脆弱区；并属于国务院常务会议讨论通过的《京津风沙源治理二期工程规划（2013~2022)》中的工程区范围。它是明显具有西北区位特色，具备西北普遍自然资源环境特征的代表性旗县，因此以"西北模式"相称。

（2）"西北模式"自然资源资产负债表的内涵。

从主要指标看，鄂托克前旗自然资源资产负债表既反映了鄂托克前旗的主要自然资源资产，也体现了整个西北地区的重点自然资源资产，如土地资源（林地、草地、湿地、城市绿地和耕地）、生物资源（珍稀濒危动物）、水资源（地表水、地下水）、矿产资源（煤炭、天然气）、环境资源和特色资源六类自然资源资产，尤其是特色资源资产等。

从表现形式角度看，鄂托克前旗的自然资源资产负债表既是鄂托克前旗自然资源资产负债表，也是西北地区自然资源资产负债表的样表，既能反映自然资源资产的结果，也能突出自然资源资产的变化过程，凸显西北地区脆弱区生态保护与恢复成效。

从功能价值角度看，鄂托克前旗自然资源资产负债表是我国西北地区第一个综合反映脆弱生态区和能源战略分布区的自然资源资产状况的负债表，具有典型代表意义和示范引领作用。

从系统性角度看，鄂托克前旗自然资源资产负债表在借鉴深圳自然资源资产负债表模式的基础上构建了"西北模式"，该模式全面衡量了西北地区自然资源资产的系统性和综合性，包含了实物量表、质量表、价值表、流向表、负债与损益表五大类表系统，在指标和内容设计上西北特色更加突出。

（3）"西北模式"自然资源资产负债表提出的意义。

率先提出自然资源资产负债表的"西北模式"，是我国生态文明机制建设上的重大创新，是经济"新常态"下生态文明建设重点领域和关键环节上的重大突破。

自然资源资产负债表的"西北模式"不仅为鄂托克前旗自然资源资产审计奠定了基础，也将为我国其他地区自然资源资产负债表编制提供技术参考，尤其是为西北其他地区自然资源资产负债表编制及党政领导干部自然资源资产责任审计工作开展提供借鉴。

自然资源资产负债表"西北模式"的提出将成为鄂托克前旗甚至整个鄂尔多斯市生态文明先行示范区建设的重大创

新机制,将有力地促进鄂尔多斯市乃至西北地区的生态文明建设工作开展。

鄂托克前旗自然资源资产负债表(西北模式)的编制不仅为鄂托克前旗自然资源资产责任审计奠定了基础,该资产负债表的应用将为有效管理和可持续利用旗内自然资源资产提供支撑条件,不断促进旗内自然资源资产质量提高,维护西北地区生态安全。

2. 负债表结构与功能

由于自然资源资产种类众多,性质各不相同,为了既能全面反映各类自然资源资产总量,又能详尽反映单一自然资源资产的价值构成,采用总表与分表相结合的编制方法,构建资产负债表系列:用总表反映自然资源资产总量,用分表反映单一自然资源资产的价值构成和自然资源量值。

从表的作用类型来看,总共可分为7类表:实物量表,反映自然资源资产实物存量情况;价值表,反映领导干部任职期间所管辖的范围内自然资产价值的变化;流向表,对领导干部任职期间因上级决策导致的自然资源资产损害进行说明,这部分损害不需要本级领导承担责任;质量表,以此反映自然资源资产质量的变动情况;负债与权益表,以此反映领导干部任职期间为保护和改善自然资源资产所投入的资金及产生的所有者权益;负债表总表,全面反映自然资源资产的实物资产、无形资产、总负债和总权益;风电和太阳能行业损益表,用以体现鄂托克前旗的特色风电和太阳能资源资产的收益。

3. 负债表的编制频率

由于自然资源本身的复杂性和不可全面计量性,导致自然资源资产负债表很难像企业资产负债表那样形成一个严格的会计平衡关系，即形成"资产=负债+权益"的数量关系。

自然资源资产负债表的编制、列报内容和范围，可从生态文明建设绩效考核的实际需要出发，评价自然资源、生态环境的主要指标均可纳入其中，既可进行数量统计也可进行质量和价值量统计，既要提供静态时点数据，又要提供动态变化数据。这便使得自然资源资产负债的编制，成为一项比较复杂、繁重的工作，根据领导干部责任审计和责任追究的需要，建议以三年或者五年编制一次的频率来编报自然资源资产负债表更加合理。

(二) 概念说明

自然资源资产负债表中主要涉及的指标概念如下：

资产：指自然资源资产管理单位在某一时刻所拥有的所有自然资源资产。

负债：指某一统计期限内，该管理单位在自然资源资产的维护、治理和增值方面所接受的投入总额。

权益：该管理单位在某一时点所拥有的自然资源资产总额减去该时点的负债部分，从实质上讲是指管理单位在期初所拥有的自然资源资产价值总量。

负债与权益的转换：由于自然资源资产一般由政府部门管理，而对自然资源资产出资的也是政府部门，因此，当出资部门与自然资源资产管理部门完成产权交接时，该部分负债便转为权益。本报告拟将交接时间确定为统计期期末。

有形资产：指自然资源实物资产。

无形资产：指自然资源的生态系统服务功能资产。

递延资产：指由于生态环境治理工程，在资金投入的当前往往无法产生生态效益，因此需要将该部分资金按年摊销，这样所形成的待摊销资产，称为递延资产。

自然资源资产损益：指由于管理部门对自然资源资产管理的好坏造成的自然资源资产增值减值，或是由于自然资源资产恢复治理工程效益优劣而造成的自然资源资产增值减值。

本期公众福利支出：由于生态系统服务功能资产不具有累计性，当期产生当期使用，无法转为下期的资产或权益，因此，本报告将本期的生态系统服务功能资产，界定为自然资源资产管理部门为公众所提供的当期已经消费的公众福利。

勾稽关系：指资产负债表中各指标之间的等式关系。

（三）勾稽关系说明

自然资源资产负债表的勾稽关系包括以下几点：

（1）自然资源资产=负债+权益。

表明管理自然资源资产部门所拥有的全部自然资源资产，包括当期管理部门所拥有的全部自然资源资产权益与评价期所投入的资金之和。

（2）期末自然资源资产=期末自然资源资产实物资产+期末自然资源资产生态服务功能资产−期初自然资源资产生态服务功能资产。

表明自然资源资产由两部分组成，其中实物资产的价值具有累积性，而生态服务功能价值不具有累积性。

（3）期末自然资源资产实物资产=期末各要素自然资源资产实物资产之和。

表明各类自然资源资产的价值具有可加和性。

（4）期末自然资源生态服务功能价值=期末各要素自然资源生态服务功能资产之和。

表明各类自然资源资产的生态服务功能具有可加和性。

（5）期初所有者权益=上期期末所有者权益+上期期末负债。

该勾稽关系与一般资产负债表有很大不同，主要是因为自然资源资产的资金投入者（一般为财政部门）和权益享有者（自然资源资产管理部门）之间不存在借贷关系，二者之间通过资产划拨关系实现资产产权的转移，因此在负债表编制过程中，可将上期期末的负债折为本期期初的所有者权益。

（6）期末负债=当期对自然资源资产各要素的全部资金投入之和。

由于上期期末负债已转为本期期初所有者权益，各自然资源资产期末负债无须另外计算。

（7）本期公共福利支出=本期自然资源资产生态服务功能价值。

由于生态服务功能资产不具有累加性，本报告将本期的生态服务功能资产界定为自然资源资产管理部门为公众提供的、当期已经消费的公用福利。

（8）期末所有者权益=期初所有者权益+本期所有者权益损益−本期公共福利支出。

由于自然资源管理部门每期均向社会公众无偿提供公共福利，因此，每期的所有者权益中必须将该部分资产减去。

（四）自然资源资产负债表应用

自然资源资产负债表是显示某一时点上自然资源资产的"家底"，反映一定时间内自然资源资产的存量及其变动情况的一种统计报表。自然资源资产负债表可以全面记录当期自然资源管理主体对某个时段自然资源的拥有、使用、收益和损害情况，评估当期自然资源资产实物量和价值量的变化。

同时，该报表还可以作为以下应用：

（1）评估自然资源资产的质量情况。

自然资源资产总额越多，负债越少，表示现有的自然资源资产质量好，价值高；反之，则表示现有的自然资源资产质量差，价值低。

（2）揭示自然资源资产的生态服务功能效益高低。

从有形资产与无形资产的比值，可了解所管辖自然资源资产的质量好坏和效益高低，通过对各单项指标的比值分析，可以找出生态服务功能效益最高的自然资源资产类别；通过对各相关单位同一指标的分析，可以确定各自然资源资产管理部门管理效益的高低，判别各自然资源资产管理部门的工作成效；通过对递延资产变化的分析，可以确定所实施的生态与环境保护投入的力度和产生的效益的期限。

（3）揭示自然资源资产来源及其构成。

根据资产、负债、所有者权益之间的关系，如果负债比重高，相应的所有者权益就低，说明主要靠投入而形成了资产总额，且该区域原有的生态环境质量较差，主要靠治理和维护的投入对生态资源进行改善。反之，如果负债比重低，则说明与地区原有的生态资源价值相比，治理和维护投入较低，对生态环境保护和恢复的力度还可进一步加强。

将自然资源资产负债表用于生态环境质量评估时，用达标的生态环境质量参数，可以算出环境质量达标时的自然资源总资产值。而生态环境质量越好，管理部门所拥有的自然资产权益越大，其价值越接近自然资源资产价值的达标价值（即环境质量达标时的自然资源资产价值），此时自然资源资产管理者为实现自然资源资产价值的达标价值，需要从公共财政部门方面获得的负债量（投资金额）越小；反之，生态环境质量越差，管理部门所拥有的自然资产权益越小，其价值越远离自然资源资产价值的达标价值（即环境质量达标时的自然资源资产价值），此时自然资源资产管理者为实现自然资源资产价值的达标价值，需要从公共财政方面获得的负债量（投资金额）越大，这就是日常工作中常用到的负债概念。

（4）表明生态维护与治理的效益。

当负债总额和权益一定时（表明生态治理投入和原来自然资源资产价值不变），如果自然资源资产总额大于两者之和，说明治理和恢复投入获得了超值的回报，自然资源资产损益为正值（Get）；反之如果总额小于两者之和，说明治理和恢复投入遭到贬值，自然资源资产损益为负值（Loss）。

（5）有助于评价自然资源资产投入的合理性。

通常情况下，自然资源资产负债率应当控制在适度的比例，在现有对自然资源资产开发比较严重的背景下，资产负债率一般不宜低于5%，资产负债率过低说明对生态维护和治理的投入过低。

（6）分析自然资源资产管理水平。

通过期初数与期末数的对比，有助于公众对资产负债进行动态的比较，进一步分析自然资源资产管理水平及其发展前景，计算分析资产负债率。

（7）可作为政绩评价依据。

由于自然资源资产负债表是领导干部自然资源资产负债责任审计的基础和依据，因此，如果这个变化是正的，说明当前的自然资源资产是增值的，当期地方政府的生态政绩是正的，对生态文明建设做出了贡献；反之，则意味着当期的自然资源资产在贬值或下降，说明地方政府的生态政绩是负的，对生态文明做出了负贡献。

(五) 其他说明

(1) 自然资源资产负债表体系的构成。

自然资源资产负债表由自然资源资产实物量表、自然资源资产质量表、自然资源资产流向表、自然资源资产价值表和自然资源负债与权益表五类表格，按照层次递进构成。

(2) 自然资源资产负债表体系中各类表格间的相互关系。

自然资源资产实物量表反映实物数量情况，是自然资源资产核算和负债表编制工作的数量基础。

自然资源资产质量表反映了自然资源资产质量情况，是衡量自然资源价值的依据，是开展自然资源资产核算的先决条件；在自然资源资产核算时，首先要通过质量表反映质量的好坏，然后再通过质量价值关系将质量的好坏转化为价值的高低，最终核算出价值。

自然资源资产流向表反映自然资源资产实物存量和质量变化的原因，同时也可以表明自然资源资产价值变化的客观原因，作为自然资源资产负债表的重要补充，为明确自然资源资产损益的责任划分提供了依据。

自然资源资产价值表记录当期自然资源资产的价值及其变化情况，并作为资产项构成自然资源资产负债表；自然资源负债与权益表综合记录了自然资源管理者对自然资源资产的投入、拥有的权益及其变化情况，并作为负债和权益项构成自然资源资产负债表。

(3) 自然资源资产分类依据。

根据《中国自然资源手册》和鄂托克前旗的实际情况，将旗自然资源分为六类，分别是土地资源、生物资源、水资源、矿产资源、环境资源和特色资源。

其中土地资源选取林地资源、草地资源、湿地资源、城市绿地资源和耕地资源；生物资源选取珍稀濒危动物资源；水资源选取地表水资源和地下水资源；矿产资源选取煤炭和天然气资源；环境资源选取大气资源；特色资源选取风能和太阳能资源。

由于土地资源与其上附着的植物存在明确的对应关系，因此将植物资源放入相应的土地资源中进行计算，不再单独进行列示，仅将珍稀濒危动物作为资产负债表中的生物资源选项。

六、鄂托克前旗探索编制自然资源资产负债表试点面临的困难

在缺乏顶层设计的情况下，该旗在工作推进中存在许多困难和问题：

一是自然资源资产信息基础薄弱。编制自然资源资产负债表需要全面准确的自然资源资产信息，包括不同类型自然资源资产价值量、实物量、质量等方面的信息及使用、保护、绩效等方面的信息。从该旗推进自然资源资产负债表编制的进展情况来看，一些数据主要是靠全国统一安排的普查工作收集的，其他数据即使能从一些主管部门得到一些信息和数据，也是零散的、支离破碎的，缺乏全面性、系统性、真实性。

二是自然资源资产数据提取困难。编制自然资源资产负债表数据涉及分布、数量、质量、权属等诸多方面，有的能够说明分布情况，却不能提供存量数量；有的只有数量，却不能反

映其质量；有的产权不清，权属不分，而且数据断档。由于自然资源资产数据统计程序复杂，技术难度较大，造成数据采集频率不够，数据链出现断层，难以满足编表需要。此外，还存在数据分散的问题。自然资源资产种类较多，加之管理职能划分条块分割、事权交叉，其数据分散在多个职能部门，提取难度较大。

三是实物量到价值量的转换困难。编制自然资源资产负债表，实物量核算可以通过部门配合、重点调查或普查获得数据；价值量核算却是技术难题，鄂托克前旗的试点方案提供了一种可借鉴的方法，但是其可行性、适用性还有待评估，其结果能否反映当地自然资源的变化情况还未可知，是否可以在全市范围内推行还需要研究。目前鄂尔多斯市自然资源资产负债表编制工作才刚刚开始，尚处于探索阶段，缺乏足够的经验和理论支撑，是否能够实现预期的目标，还有待进一步实践检验。

第九章　IIE 自然资源资产负债表（IIE-NRBS）试编结果

中共十八届三中全会提出，"探索编制自然资源资产负债表，对领导干部实行自然资源资产离任审计，建立生态环境损害责任终身追究制"。这一举措是我国生态文明体制机制建设的里程碑。当前，编制自然资源资产负债表已成为各级政府的重要任务，同时也对相关研究部门提出了很高的理论要求。中国社会科学院工业经济研究所（IIE）课题组在进行充分实地调研和文献研究的基础上，对自然资源资产负债表的理论基础、框架体系、编制方法进行了深入系统的理论研究和学术探讨，并试编出了 IIE 自然资源资产负债表（IIE National Resource Balance Sheet，IIE-NRBS）。

一、基本框架与体系设计

（一）基本概念与性质界定

本报告认为，所谓自然资源资产负债表，就是利用会计学中的资产负债表工具，客观全面反映生态责任主体在某一时点的自然资源静态存量的报表体系。自然资源资产负债表反映的是一国或地区在某一时点上对于自然资源环境的权利义务状态，揭示某个时点人类活动对资源环境影响的状态结果，可以看成是某一特定时点生态责任主体对所拥有的自然资源资产价值和所承担的生态环境负债责任所拍的一张"快照"。自然资源资产负债表是综合反映一国或地区自然资源的"家底"、使用状况及其生态环境影响的有效信息披露方式，它有实物量和价值量两种表现形式。

基于上述认识，本报告采用国家资产负债表的编制方法和技术手段，构建了以资产、负债和净资产为会计要素的自然资源资产负债表，以全面反映自然资源环境的"家底"。自然资源资产是指天然存在、有使用价值、产权明确、可提高人类当前和未来福利的自然环境因素的总和；自然资源负债从经济本质上看，是生态责任主体在某一时点上应该承担的自然资源"现时义务"，该"现时义务"是人类在利用自然资源的过程中承担的能以货币计量、需以资产或劳务偿付的环境责任；自然资源净资产，是一国或地区所拥有的全部自然财富总和，它在数量上应该等于自然资源资产减去自然资源负债，即全部自然资源资产减去全部自然资源负债后的净值。

（二）理论支撑和基本框架

1. 理论基础

编制自然资源资产负债表需要强有力的理论支撑。构建自然资源资产负债表的三大理论基础，包括统计学理论、会计学理论和资源环境经济学理论。

在自然资源资产负债表构建过程中，统计学理论主要借鉴了基本统计核算理论、国民经济核算理论、环境经济核算理论、绿色 GDP 核算理论、联合国综合环境经济核算体系（SEEA2012）等内容；会计学理论主要借鉴了资产定价理论、资产评估理论、负债确认理论、资产负债表理论、会计基本平衡公式等内容；资源环境经济学理论主要借鉴了可持续发展理论、外部性和公共产品理论、能源资源环境经济理论、价值补偿理论、生态循环理论、生态足迹理论等内容。

2. 基本框架

本报告借鉴联合国综合环境经济核算体系（SEEA2012）、联合国国民经济核算体系（SNA2008）和国家资产负债表的分类以及核算办法，用资产负债表的形式对自然资源资产和负债进行列报。

自然资源资产负债表基本框架包括：

（1）自然资源资产。

自然资源资产，主要是指天然存在、有使用价值（包括经济效益、社会效益、生态效益）、产权明确、可提高人类当前和未来福利且具有稀缺性的自然环境因素。联合国综合环境经济核算体系（SEEA2012）、我国《环境保护法》和《中国自然资源手册》对自然资源进行了不同类型的划分。自然资源资产可分为能源资源资产、矿产资源资产、土地资源资产、森林资源资产、水资源资产、海洋资源资产、草原资源资产等。本报告中，自然资源资产仅包括五类：能源资源、矿产资源、土地资源、林业资源和水资源。自然资源资产按照自然资源类型进行列报。

（2）自然资源负债（环境负债）。

自然资源负债，就是生态责任主体在某一时点上应该承担的环境责任，该环境责任是人类在开发利用自然资源过程中应当承担的"现时义务"，该"现时义务"的履行会导致自然资源资产的减少或需以其他资产或劳务等形式进行偿还弥补。从人与自然的关系来看，自然资源在循环流动过程中，其作为社会经济活动投入被视为人类的一项自然权利，而社会经济活动等导致的残余物（废弃物）则是人类必须承担的环境责任。自然资源环境中可作为要素投入人类经济活动的自然资源可被视为自然资源资产，而退出经济循环的残余物进入自然环境系统带来的环境责任，就是自然资源负债（环境负债）。因此，资源管理和环境保护就是人类在利用自然资源环境过程中进行的两类主要的"偿债"活动。与此对应，导致"环境责任"产生的活动或事项就是"自然资源负债"（环境负债）的来源。

按照环境负债产生的主要根源，本报告按照导致"环境责任"的人类活动类型将自然资源负债具体分为两类：（应计）资源耗减负债、（应付）环境保护负债。资源耗减负债是人类在利用自然资源过程中导致的资源管理责任，它主要是指对自然资源消耗所形成的负债，是当代人对后代人的负债，资源耗减负债可细分为不可再生资源耗减负债和可再生资源耗减负债两类；环境保护负债是人类活动（主要是经济活动）导致的环境保护责任，它主要是指在经济发展和人类活动过程中对生态环境所造成的损害，环境保护负债可细分为废水排放负债、废气排放负债、工业固废排放负债、生活垃圾排放负债四类。

（3）自然资源净资产

自然资源净资产，是一国或地区所拥有的全部自然财富总和（绿色财富），它在数量上等于自然资源资产减去自然资源负债，即全部自然资源资产减去全部自然资源负债后的净值。

表 9-1　自然资源资产负债表（理论框架）

单位：亿元

自然资源资产	2002年	2007年	2012年	自然资源负债	2002年	2007年	2012年
1　能源				1　应计资源耗减负债			
1.1　煤				1.1　不可再生资源耗减			
1.2　石油				1.1.1　能源耗减			
1.3　天然气				1.1.2　矿产耗减			
2　矿产							
2.1　金属矿				1.2　可再生资源耗减			
2.2　非金属矿				1.2.1　土地耗减			
3　土地				1.2.2　森林耗减			
3.1　农用地				1.2.3　水耗用			
3.2　建设用地							
3.3　未使用地				2　应付环境保护负债			
4　林业资源				2.1　废水排放负债			
5　水				2.2　废气排放负债			
5.1　地表水				2.3　工业固废排放负债			
5.2　地下水				2.4　生活垃圾排放负债			
5.3　地表水与地下水重复计算				3　自然资源净资产			
合计				合计			

二、自然资源分类：基于 IIE-NRBS 研究试编

（一）自然资源的概念与类别

"自然资源"是人类生产活动中都要涉及和参与的物质，是人类赖以生存的物质基础和前提条件。按照环境经济学的定义，所谓自然资源，是由人发现的蕴藏于自然界中的有用途和有价值的物质。联合国将资源核算账户作为联合国综合环境经济核算（SEEA）的重要组成部分之一，对自然资源核算进行理论及方法上的探讨，并试图建立起关于自然资源的核算框架。

在 SEEA 核算体系中,环境有七个独特的组成部分在中心框架中被视为环境资产。自然资源是环境资产的一个子集,包括所有自然生物资源(木材和水生资源)、矿产和能源资源、土壤资源和水资源。所有培育生物资源和土地都不在这一范畴之内。

根据目前各界达成的基本共识,自然资源资产负债表编制应对接于 SEEA 核算体系。因此,本报告中的自然资源的分类,以 SEEA 中的分类依据为指导,并根据我国分类标准和统计实际进行调整。

根据我国《环境保护法》第二条规定,自然资源包括:土地、森林、草原、矿藏、海洋、湿地、水。《中国自然资源手册》将自然资源资产分为土地资源资产、森林资源资产、草地资源资产、水资源资产、气候资源资产、矿产资源资产、海洋资源资产、能源资源资产和其他资源资产九大类资产。

根据 SEEA 的定义和我国对自然资源的分类,本报告进行对比并且界定了自然资源资产负债表中的分类。

(二)主要自然资源资产

矿产资源。根据我国《矿产资源法实施细则》中的分类,金属矿产共有铁、锰、铬、钒、钛等 59 种;非金属矿产共有金刚石、石墨、磷、自然硫、硫铁矿、钾盐、硼、水晶等 92 种。基于数据可得性和价值重要性原则,本报告的自然资源资产负债表在以上 151 种矿产资源中选取了主要的矿产资源 29 种(见表 9-2):金属矿产 17 种,非金属矿产 12 种。数据主要依据《中国统计年鉴》、《中国矿业年鉴》以及《中国有色金属统计年鉴》分类获取。

能源资源。这里主要指不可再生的化石能源。根据我国《矿产资源法实施细则》中的分类,能源资源共有 11 种:煤、煤层气、石煤、油页岩、石油、天然气、油砂、天然沥青、铀、钍、地热。与矿产资源分类原则一致，我们只选择煤炭、石油、天然气等主要化石能源作为披露对象纳入自然资源资产负债表。

土地资源。[①] 根据 2007 年 8 月颁布执行的《土地利用分类》国家标准（GB/T21010-2007），土地资源分类采用土地综合分类即土地利用分类，侧重土地的实际利用现状，根据土地的实际利用和覆盖特征对土地利用类型加以归纳和分类。分类的基本框架采用二级分类体系，一级分类共 12 个，二级分类共 57 个。一级分类：依据土地利用用途和利用方式，设定"耕地"、"园地"、"林地"、"草地"、"水域"、"交通运输用地"。依据土地利用方式和经营特点，设定"商服用地"、"工矿仓储用地"、"住宅用地"、"公共管理与公共服务用地"。二级分类：依据自然属性、覆盖特征、用途和经营目的等方面的土地利用差异，对一级分类具体细化。考虑到本次核算的数据可获得性，结合《土地利用分类》国家标准、现行使用的全国土地调查分类，以及《中华人民共和国土地管理法》，我们将土地资源按照二级分类体系进行分类。一级分类是《中华人民共和国土地管理法》中的农业用地、建设用地以及未利用地三大类；二级分类则是 GB/T21010-2007 中的一级指标，依次作降级处理（见表 9-2）。具体来看，农业用地包括耕地、园地、林地、牧草地、其他农

---

① SEEA 认为土地和土壤是两种分列的资产，将土地与自然资源分开，凸显出土地在提供空间方面的作用。土壤资源则被列为自然资源的一部分。在 SEEA 框架下，土壤资源分类按照某个特定时间点的土地使用类型或土地覆被划分，例如耕地、草地、森林等。这其中大部分子项与我国土地资源分类相一致。考虑到国内常用的土地资源概念，在自然资源资产负债表中我们仍然采用土地资源作为一级分类，二级分类则与 SEEA 土壤资源中的大部分类别相对应。

用地五类；建设用地包括居民点及独立工矿用地、交通运输用地、水利设施用地三类；未利用地不再进行细分。

木材（林业）资源。① 根据《林业资源分类与代码·森林类型》（GB/T14721-2010），林业资源可以简单理解为森林资源。但实际上除了森林以外，其他林木、林地② 也具有数量巨大的林业资源。一般来看，以林业资源作为一级分类，二级分类可进一步划分为森林、林木、林地，三级分类按照人工林和天然林作为区分。如果再进一步细分，可以根据树种进行分类，按照 GB/T14721-2010，可以细分为：乔木林、竹林、经济林、灌木林、自定义森林类型（国标中没有包括，而由使用者自行分类定义的森林类型）。然而，此种分类由于囊括了木材（林业）资源和林地资源，与前面土地资源划分存在重复计算问题，且后续林业资源划分过细，数据错漏缺误较为严重，因此，编制自然资源资产负债表时，以《中国统计年鉴》中活立木蓄积量"统计指标"这一综合性指标作为木材（林业）资源的反映指标。

水资源。我国分类系统中，水资源一级分类与 SEEA 分类略有不同。SEEA 包括地表水、地下水和土壤水。而根据《中华人民共和国水法》，水资源包括地表水和地下水。在二级分类中，《地表水环境质量标准》（GB3838-2002）中定义的地表水是指全国江河、湖泊、运河、渠道、水库等具有使用功能的地表水。本报告采用《中国统计年鉴》披露数据的分类方式，即

---

① 在 SEEA 中，木材资源包括天然木材资源（不包括森林，森林被作为土地资源单独列出）和人工木材资源，环境资产分类将森林作为土地的一个小类包括在内，而将这块土地上的木材资源单列为一项环境资产。

②《中华人民共和国森林法》中对林地的解释是：林地包括郁闭度 0.3 以上乔木林地、疏林地、灌木林地、采伐迹地、火烧迹地、苗圃地和国家规划的宜林地。

包括地表水和地下水两类,但对地表水与地下水重复计算部分予以扣除。

基于以上对比,课题组初步确定,在试编自然资源资产负债表时,自然资源选取 5 个一级分类,即矿产资源、能源资源、土地资源、木材(林业)资源、水资源;12 个二级分类指标,详见表 9-2。由于确定海洋范围和海洋资源种类尚有难度,自然资源资产负债表中,暂时不包括海洋资源。

表 9-2 自然资源资产负债表资源分类汇总表

一级分类	二级分类	三级分类
1. 矿产资源	1.1 金属矿产	铁矿
		锰矿
		铬矿
		原生态铁矿
		钒矿
		铜矿
		铅矿
		锌矿
		铝土矿
		镍矿
		钨矿
		锡矿
		钼矿
		锑矿
		稀土
		金矿
		银矿
	1.2 非金属矿产	菱镁矿
		普通萤石
		硫铁矿
		磷矿
		钾盐
		盐矿
		芒硝
		重晶石

续表

一级分类	二级分类	三级分类
1. 矿产资源	1.2 非金属矿产	玻璃硅质原料
		石墨
		滑石
		高岭土
2. 能源资源	2.1 煤炭	
	2.2 石油	
	2.3 天然气	
3. 土地资源	3.1 农用地 直接用于农业生产的土地，包括耕地、园地、林地、牧草地及其他农用地	耕地
		园地
		林地
		牧草地
		其他农用地
	3.2 建设用地 建造建筑物、构筑物的土地	居民及独立工矿用地
		交通运输用地
		水利设施用地
	3.3 未利用地 农用地和建设用地以外的土地	未利用土地 （目前还未利用的土地，包括难利用的土地）
		其他土地 （未列入农用地、建设用地的其他水域地）
4. 木材（林业）资源	4.1 活立木蓄积量	乔木林
		竹林
		经济林
		灌木林
		树木
		竹子
		……
5. 水资源	5.1 地表水	江河
		湖泊
		运河
		渠道
		水库
		……
	5.2 地下水	
	5.3 地表水与地下水重复计算	

(三) 主要自然资源负债

根据前面的理论框架，我国自然资源资产负债表主要是指人类在开发利用自然资源的过程中涉及的按照权责发生制原则应该予以确认计量的环境保护责任、资源管理责任和可能承担的自然灾害损失。这些责任是政府或企业等生态责任主体因过去发生的行为活动或经济业务而应该承担的环境义务，这些义务应作为负债在自然资源资产负债表中列示。

在 SEEA2012 中，环境活动主要是以减少或消除环境所受压力或者更有效利用自然资源为主要目的的经济活动，而已经发生的"增加或者导致环境压力的那些活动"和"不太有效利用自然资源的那些活动"，就是环境负债产生的根源。当前我国环境负债是与我国经济发展长期处于工业化阶段密切相关的，环境负债主要体现为工业化进程带来的对环境的各种责任和义务。因此，用人类经济社会活动导致的环境责任类型来对自然资源（环境）负债分类，可以较为合理地从宏观层面确定一国或地区的自然资源环境保护义务和资源管理义务。在现实社会经济活动中，带来大量资源保护义务和资源管理义务的主要活动，主要来源于对自然资源的消耗、利用及各种排放。因此本报告将自然资源负债主要分为两类：应计资源耗减负债和应付环境保护负债。

应计资源耗减负债是人类在利用自然资源过程中导致的资源管理责任，它主要指对自然资源消耗所形成的负债，是当代人对后代人的负债，资源耗减负债可细分为不可再生资源耗减负债和可再生资源耗减负债两类。其中，不可再生资源耗减负债包括能源耗减负债和矿产耗减负债，本报告中能源耗减负债主要考察了煤、石油、天然气三类主要能源耗减带来的环境义务，矿产耗减负债主要考察了 17 类金属矿产耗减和 12 类非金属矿产耗减带来的环境义务；可再生资源耗减负债包括土地耗减负债、木材（林业）耗减负债和水资源耗减负债三类。应付环境保护负债是人类活动（主要是经济活动）导致的环境保护责任，主要指在经济发展和人类活动过程中对生态环境所造成的损害，环境保护负债可细分为废水排放负债、废气排放负债、工业固废排放负债、生活垃圾排放负债四类。按照经济活动导致环境负债的类型对自然资源（环境）负债进行分类，图 9-1 列示了按照影响环境的经济活动类型分类的自然资源负债种类。

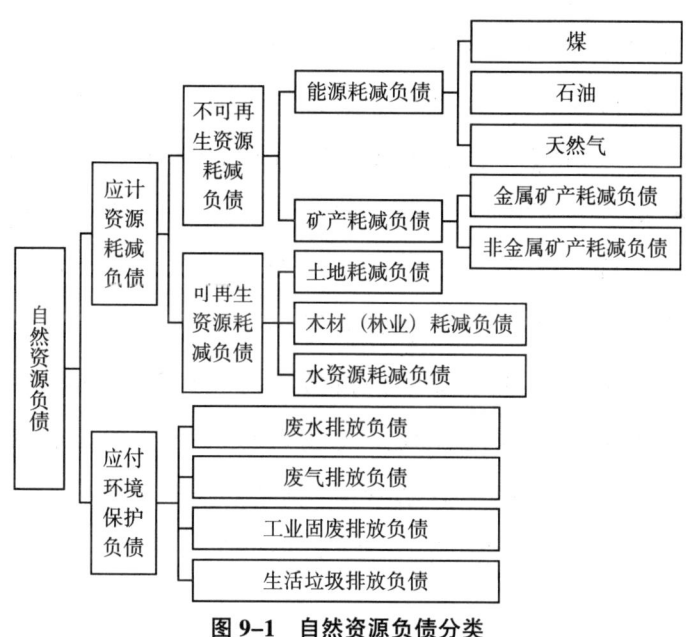

图 9-1 自然资源负债分类

对于自然资源负债的分类，国内一些学者认为，自然资源负债构成具体包括应付治污成本、应付生态恢复成本、应付生态维护成本、应付超载补偿成本等（王妹娥和程文琪，2014；[①] 张友棠等，2014[②]），我们认为上述"应付成本"是符合自然资源负债概念的，且在微观层面可以作为自然资源负债计量方法使用，但由于相关概念界定模糊、标准认定困难、计量技术受限和基础数据缺乏，此种自然资源负债分类方法在宏观层面难以量化操作，本报告按照经济活动影响导致的环境责任义务方式分类，并根据与此对应的经济活动所带来的环境损失和治理义务计量其债务的大小，便于从宏观角度确定一国或者地区的自然资源负债规模。

自然资源负债数据的来源，应根据一国或地区经济社会活动所带来的环境责任确定。由于环境负债所反映的应尽义务需要根据复杂因素进行评估确定，因此自然资源负债的计量记录，既可以按照一定的会计政策采取适当的会计处理方法予以确认，也可以根据经验或有关资料加以估计确定，还可以按照经济领域类的影子价格进行价值评估计量。无论采用何种会计政策和会计确认计量方法，自然资源负债必须坚持权责发生制原则。例如，固体废物排放量主要与一国或地区的常住人口数量正相关，则相应的固体废物排放环境负债可以依据该地区的常住人口数量和单位人口固定废物垃圾产生量来估计确认。上述废物排放负债是社会必须承担的环境责任，若在实际中不承担或打折扣，环境负债将会持续累加到下一期。

[①] 王妹娥，程文琪. 自然资源资产负债表探讨 [J]. 现代工业经济和信息化，2014（9）：15-17.
[②] 张友棠，刘帅，卢楠. 自然资源资产负债表创建研究 [J]. 财会通讯，2014（4）：6-9.

三、试编原则、数据来源与核算定价方法

(一) 试编原则

课题组在试编我国自然资源资产负债表时遵循以下原则：数据可获得性原则，以现有统计数据为基础；编制可操作性原则，以理论为支撑、方法简便适用；内容代表性原则，选择主要的资产和负债类别；分步推进原则，先易后难，由简到繁，逐步完善。

受基础数据等条件限制，在课题组试编的 IIE-NRBS 中，自然资源资产仅统计列报了能源资源、矿产资源、土地资源、林业资源、水资源五类资源，负债则包括（应计）资源耗减负债和（应付）环境保护负债。其中，资源耗减负债是人类在利用自然资源过程中导致的资源管理责任，它主要是指对自然资源消耗所形成的负债，是当代人对后代人的负债，资源耗减负债可细分为不可再生资源耗减负债和可再生资源耗减负债两类；环境保护负债是人类活动（主要是经济活动）导致的环境保护责任，它主要是指在经济发展和人类活动过程中对生态环境所造成的损害，环境保护负债可细分为废水排放负债、废气排放负债、工业固废排放负债、生活垃圾排放负债四类。随着研究的不断深入，后续将对 IIE-NRBS 进一步完善，自然资源资产项目和负债项目所包括的内容将更全面和广泛。

(二) 实物量数据来源

课题组试编的自然资源资产负债表（实物量表）以我国现行的自然资源环境核算数据为基础，以《中国统计年鉴》为主，

数据不足部分，由各行业年鉴进行补齐。主要数据来源包括：《中国统计年鉴》、《中国国土资源年鉴》、《中国水资源公报》、《中国林业统计年鉴》、《中国环境年鉴》、《中国矿业年鉴》、《中国能源年鉴》、《中国环境公报》等。

具体来看，我国自然资源资产负债表实物量基础数据来源如表9-3和表9-4所示。

表9-3 自然资源资产实物量数据来源表

一级分类	二级分类	三级分类	基础数据来源
1. 矿产资源	1.1 金属矿产	铁矿	《中国统计年鉴》
		锰矿	《中国统计年鉴》
		铬矿	《中国统计年鉴》
		原生态铁矿	《中国统计年鉴》
		钒矿	《中国统计年鉴》
		铜矿	《中国统计年鉴》
		铅矿	《中国统计年鉴》
		锌矿	《中国统计年鉴》
		铝土矿	《中国统计年鉴》
		镍矿	《中国统计年鉴》
		钨矿	《中国统计年鉴》
		锡矿	《中国统计年鉴》
		钼矿	《中国统计年鉴》
		锑矿	《中国统计年鉴》
		稀土	《中国统计年鉴》
		金矿	《中国统计年鉴》
		银矿	《中国统计年鉴》
	1.2 非金属矿产	菱镁矿	《中国统计年鉴》
		普通萤石	《中国统计年鉴》
		硫铁矿	《中国统计年鉴》
		磷矿	《中国统计年鉴》
		钾盐	《中国统计年鉴》
		盐矿	《中国统计年鉴》
		芒硝	《中国统计年鉴》
		重晶石	《中国统计年鉴》
		玻璃硅质原料	《中国统计年鉴》
		石墨	《中国统计年鉴》

续表

一级分类	二级分类	三级分类	基础数据来源
1. 矿产资源	1.2 非金属矿产	滑石	《中国统计年鉴》
		高岭土	《中国统计年鉴》
2. 能源资源	2.1 煤炭		《中国能源年鉴》
	2.2 石油		《中国能源年鉴》
	2.3 天然气		《中国能源年鉴》
3. 土地资源	3.1 农用地 直接用于农业生产的土地，包括耕地、园地、林地、牧草地及其他农用地	耕地	《中国国土资源年鉴》
		园地	《中国国土资源年鉴》
		林地	《中国国土资源年鉴》
		牧草地	《中国国土资源年鉴》
		其他农用地	《中国国土资源年鉴》
	3.2 建设用地 建造建筑物、构筑物的土地	居民及独立工矿用地	《中国国土资源年鉴》
		交通运输用地	《中国国土资源年鉴》
		水利设施用地	《中国国土资源年鉴》
	3.3 未利用地 农用地和建设用地以外的土地	未利用土地（目前还未利用的土地，包括难利用的土地）	《中国国土资源年鉴》
		其他土地（未列入农用地、建设用地的其他水域地）	《中国国土资源年鉴》
4. 木材（林业）资源	4.1 活立木蓄积量		《中国统计年鉴》、《中国林业统计年鉴》
5. 水资源	5.1 地表水		《中国统计年鉴》
	5.2 地下水		《中国统计年鉴》
	5.3 地表水与地下水重复计算		《中国统计年鉴》

表 9-4 自然资源负债实物量数据来源

自然资源负债	负债计量基础数据来源
1 应计资源耗减负债	—
1.1 不可再生资源耗减负债	—
1.1.1 能源耗减负债	—
1.1.1.1 煤	《中国能源年鉴》
1.1.1.2 石油	《中国能源年鉴》
1.1.1.3 天然气	《中国能源年鉴》
1.1.2 矿产耗减负债	—
1.1.2.1 金属矿产耗减	《中国矿业年鉴》、《中国有色金属统计年鉴》
1.1.2.2 非金属矿产耗减	《中国矿业年鉴》

续表

自然资源负债	负债计量基础数据来源
1.2 可再生资源耗减负债	—
1.2.1 土地耗减	《中国国土资源年鉴》
1.2.2 森林耗减	《中国统计年鉴》、《中国林业统计年鉴》
1.2.3 水耗减	《中国水资源公报》
2 应付环境保护负债	—
2.1 废水排放负债	《中国环境年鉴》、《中国环境公报》
2.2 废气排放负债	《中国环境年鉴》、《中国环境公报》
2.3 工业固废排放负债	《中国环境年鉴》、《中国环境公报》
2.4 生活垃圾排放负债	《中国环境年鉴》、《中国环境公报》

(三) 自然资源资产定价方法

编制《自然资源负债表（价值量表）》的关键步骤之一是在自然资源实物量统计基础上实现其价值量核算，而价值量统计需要科学、适用的定价方法做支撑。关于资源的价值问题，经济学界对此争议颇多，而对于自然资源的定价方法，目前国内外也未形成统一的认识。基于不同的自然资源价值理论，自然资源定价方法主要包括：影子价格法、均衡价格法、边际机会成本法、市场估价法、李金昌模型、能量定价法和能值定价法等，这些定价方法各有优缺点，对统计数据的要求也不尽相同。

考虑到可操作性和计算复杂性，在编制《自然资源负债表（价值量表）》的过程中，对各类自然资源定价宜采用市场估价法。根据市场信息完备与否，市场估价法可分为直接市场法（收益现值法、生产率变动法、疾病成本法、人力资本法、重置成本法、预防支出法等）、间接市场法（后果阻止法、保护费用法、旅行费用法、工资差额法等）以及以调查为主的主观性较强的模拟市场方法（直接询问调查法、间接询问调查法、德尔菲法等）。在实践中，为了操作便利，往往采用直接市场法对自然资源进行估价。

在自然资源资产负债表（实物量表）的基础上，课题组对上述自然资源资产和负债（义务）进行了价值转换，形成了自然资源资产负债表（价值量表）。转换的基本方法是以自然资源资产负债表（实物量表）为基础，对相关自然资源资产和负债进行定价，从而确认出相关的自然资源资产和自然资源负债的经济价值含义。

表9-5列示了各类自然资源资产实物量的定价方法和基本依据。具体到各类自然资源资产，本报告采用以下定价方法：

1. 矿产资源

矿产资源采用类市场价格法进行计价，无论金属矿产资源还是非金属矿产资源，定价方法均采用当年某类矿产工业总产值/矿产量作为矿产资源资产价格的确定依据，对个别异常数据情况，采用国际同类矿产资源该年度价格进行调整或修正。

2. 能源资源

能源资源采用市场价格法，考虑到数据的长期可得性，原油价格采用国际油价，天然气采用日本CIF价，原煤采用日本动力煤CIF价格。

3. 土地资源

农用地价格采用收益现值法，按照第一产业总产值以5%的资本化率折现为现值计算；耕地、园地、林地、牧草地等细分农用地土地，根据农业总产值、果园总产值、林地总产值、牧业总产值以5%的资本化率折现为现值计算；建设用地价格按照当年全国土地拍卖平均价格计算，拍卖平均价格以《中国国土资源年鉴》中的建设用地招标拍卖金额除以招标拍卖面积计算。

4. 森林资源

林木资源定价方法采用市场价格法,即以年度木材平均销售单价计算。为了体现我国木材资源稀缺程度和相关成本,本报告采用当年出口木材单价计算,即当年出口木材单价=当年木材出口总额/当年木材出口总量。

5. 水资源

单位水资源价格是单位水资源经济价格与单位水资源生态价格之和,即单位水资源价格(经济+生态)=单位水资源经济价格+单位水资源生态价格。单位水资源经济价格为分类用水价格的加权平均值,权重为各类用水量占用水总量的比重,即:单位水资源经济价格=工业用水价格×工业用水权重+农业用水价格×农业用水权重+城市用水价格×城市用水权重,工业用水权重、农业用水权重和城市用水权重根据《中国统计年鉴》中工业用水、农业用水和城市用水数据计算。工业用水、城市用水和农业用水价格根据全国各省市公布的《自来水供水分类价细则》等确定。一般认为,水资源的经济价格仅占水资源总价值的30%,水资源的生态价值相当于水资源总价值的70%,按照这一比例,本报告将单位水资源生态价格视为单位水资源经济价格的7/3,即单位水资源生态价格=单位水资源经济价格×7/3。

(四) 自然资源负债估算方法

我国自然资源负债主要是指人类在开发利用自然资源全过程中涉及的按照权责发生制原则应该予以确认计量的环境保护责任、资源管理责任和可能承担的自然灾害损失。这些责任是政府或企业等生态责任主体因过去发生的行为活动或经济业务而应该承担的环境义务,由于我国自然环境资源管理权和损害

表 9-5 自然资源资产实物量定价依据表

一级分类	二级分类	三级分类	年度定价主要方法和基本依据
1. 矿产资源	1.1 金属矿产	铁矿	当年该矿产工业总产值/矿产产量作为金属矿产资产单价确定依据
		锰矿	
		铬矿	
		原生态铁矿	
		钒矿	
		铜矿	
		铝矿	
		锌矿	
		铝土矿	
		镍矿	
		钨矿	
		锡矿	
		钼矿	
		锑矿	
		稀土	
		金矿	
		银矿	
	1.2 非金属矿产	菱镁矿	当年该矿产工业总产值/矿产产量作为非金属矿产资产单价确定依据
		普通萤石	
		硫铁矿	
		磷矿	
		钾盐	

续表

一级分类	二级分类	三级分类	年度定价主要方法和基本依据
1. 矿产资源	1.2 非金属矿产	盐矿	
		芒硝	
		重晶石	
		玻璃硅质原料	
		石墨	
		滑石	
		高岭土	
2. 能源资源	2.1 煤炭		原煤用日本动力煤 CIF 价格
	2.2 石油		国际油价：当年能源总进口额/总进口量作为能源资产定价依据
	2.3 天然气		天然气用日本 CIF 价
3. 土地资源	3.1 农用地 直接用于农业生产的土地，包括耕地、园地、林地、牧草地及其他农用地	耕地	按照土地农用用途，采用基本粮食作物收益还原法，是农用土地纯收益的资本化（资产未来收益净现金流的现值，即折现价值），最简单也最常用的公式还有：价值=纯收益（总收益-总成本）/贴现率（还原率） 第一产业增加值以 5%的资本化率还原为现值计算
		园地	
		林地	
		牧草地	
		其他农用地	
	3.2 建设用地 建造建筑物、构筑物的土地	居民及独立工矿用地	建设用地按照土地拍卖价格计算。拍卖价格是《中国国土资源年鉴》中的建设用地招标拍卖金额除以招标拍卖面积计算
		交通运输用地	
		水利设施用地	
	3.3 未利用地 农用地和建设用地以外的土地	未利用土地 （目前还未利用的土地，包括难利用的土地）	暂不考虑价值量核算

续表

一级分类	二级分类	三级分类	年度定价主要方法和基本依据
3. 土地资源	3.3 未利用地 农用地和建设用地以外的土地	其他土地 (未列入农用地、建设用地的其他水域地)	
4. 木材(林业)资源	4.1 活立木蓄积量		采用当年出口木材单价计算，当年出口木材单价=当年木材出口总额/当年木材出口总量
5. 水资源	5.1 地表水		单位水资源经济价格=工业用水价格×工业用水权重+农业用水价格×农业用水权重+城市用水价格×城市用水权重 单位水资源生态价格=单位水资源经济价格×7/3
	5.2 地下水		
	5.3 地表水与地下水重复计算		单位水资源价格(经济+生态)=单位水资源经济价格+单位水资源生态价格《中国统计年鉴》中工业用水、农业用水和城市用水数据计算。工业用水、农业用水和城市用水权重数据根据全国各省市公布的《自来水分类价细则》等确定

权（如废水排放权、废气排放权、废渣排放权、碳排放权等）往往没有市场价值，因此难以直接用市场价格来计量。本报告对于自然资源负债拟采用预估法来计量，具体到各类自然资源负债，本报告采用如下方法估计自然资源负债价值量：

1. 应计资源耗减负债

理论上讲，我国各种自然资源耗减导致的"现时义务"（责任），可以按照各种应付治污成本、应付生态恢复成本、应付生态维护成本、应付超载补偿成本等进行估算。但由于自然资源种类众多，且其耗减导致的责任（义务）无明确的数据基础作为核算依据，目前并无适当可行的方法手段予以评估，相应的负债价值量确认存在一定困难。本报告因此以各种自然资源耗减量为基础，以当年各种自然资源实现的经济价值为参考，采用机会成本法以自然资源当年实际经济价格作为该种自然资源耗减义务（责任）的对价，以此评估各种自然资源耗减负债。

（1）不可再生资源耗减负债。能源耗减负债中，以当年煤炭耗用量为基础，采用原煤用日本动力煤 CIF 价格核算煤炭耗减负债；以当年石油耗用量为基础，采用国际油价，即当年能源总进口额/总进口量作为石油负债耗减定价依据；以当年天然气耗用量为基础，采用日本 CIF 价格作为天然气耗减负债定价基础。矿产耗减负债中，以当年矿产耗减量为基础，采用机会成本法以矿产当年实际经济价格作为矿产资源耗减负债（责任）的对价，即当年金属矿产工业总产值作为金属矿产耗减负债金额，当年非金属矿产工业总产值作为非金属矿产耗减负债的总额。

（2）可再生资源耗减负债。一是土地耗减负债。由于土地从统计总量来看几乎不会减少，更多体现为土地用途的转换（比如由农用地转为建设用地，建设用地恢复为城市绿地），在这一用途转换过程中，土地在经济价值上得到了大大提升，追求更大经济价值一般被视为转换土地用途的主要影响因素，因此本报告中土地耗减负债更多是指农用地转换为建设用地所带来的生态环境义务（责任），其价值计量采用机会成本的方法，即以土地（主要指发挥生态服务功能的农用地）耗减为基础，采用当年建设用地单价作为土地（主要指农用地）耗减负债的机会成本，以此确定农用地转换为建设用地所带来的生态环境负债（责任）。二是森林耗减负债。以当年林木耗减量为基础，以林木实现经济价值单价作为林木资源耗减负债的机会成本，以当年出口木材单价作为林木资源耗减负债单价，则当年林木资源耗减负债单价=当年木材出口总额/当年木材出口总量。三是水资源耗减负债。即以当年水资源耗用量为基础，以当年水资源经济价格作为水资源负债的机会成本，从而确定水资源耗减负债的总价值量。

2. 应付环境保护负债

应付环境保护负债是人类活动（主要是经济活动）导致的环境保护责任，它主要是指在经济发展和人类活动过程中对生态环境所造成的损害。环境保护负债可细分为废水排放负债、废气排放负债、工业固废排放负债、生活垃圾排放负债四类。

本报告认为，各项应付环境保护负债的金额，可以采用机会成本法，通过环境污染成本来进行计量确认。即经济活动导致的废水、废气、工业固废和生活垃圾导致的环境污染成本，可作为自然资源利用过程中带来的自然资源（环境）负债（义务）予以确认。尽管由于目前缺少应付环境保护负债核算的相关理论方法，但利用大量测算环境污染成本的技术方法，可以对废水排放负债、废气排放负债、工业固废排放负债、生活垃圾排放负债四类进行价值计量。

按照一般资源环境理论，环境污染成本由污染治理成本和环境退化成本两部分组成。其中，污染治理成本又可分为实际污染治理成本和虚拟污染治理成本。实际污染治理成本是指目前已经发生的治理成本，虚拟治理成本是指将目前排放至环境中的污染物全部处理所需要的成本。环境退化成本是指在目前的治理水平下，生产和消费过程中所排放的污染物对环境功能造成的实际损害。污染物排放造成的环境退化成本是环境污染价值量核算中最关键也是最困难的部分。因此，从理论上看，应付环境保护负债可视为总的虚拟治理成本（总虚拟治理成本已经包括了环境退化成本）扣除实际治理成本后的余额（欠债），即：应付环境保护负债=总虚拟治理成本－实际污染治理成本。

然而在现实中，虚拟治理成本往往无法直接计算，其估算常需利用实际治理成本法进行计算，导致虚拟治理成本忽视了排放污染物所造成的环境危害，因此环境污染治理的效益无从体现。因此，从严格的意义上来讲，利用实际治理成本核算得到的仅是防止环境功能退化所需的治理成本，是污染物排放可能造成的最低环境退化成本，并不是实际造成的环境退化成本。

利用污染损失成本法计算环境退化成本，需要进行专门的污染损失调查，确定污染排放对当地环境质量产生影响的货币价值，从而确定污染所造成的环境退化成本。由于污染损失成本方法要求的数据条件较高，本报告以依据环保部环境规划院公布的2006年各类污染引起的环境退化总成本作为参考，测算单位污染物引起的环境退化成本,并假定这一单位成本短期内不变。

应付环境保护负债以基于成本的环境污染成本法核算计量。环境污染成本包括污染治理成本和环境退化成本。由于计算环境退化成本需要进行专门的污染损失调查,确定污染排放对当地环境质量产生影响的货币价值,从而确定污染所造成的环境退化成本,操作十分困难。因此,废水、废气、固废和生活垃圾负债定价采用单位污染治理成本测算。

(1) 废水排放负债。

废水排放污染成本由污染治理成本和环境退化成本两部分组成。废水污染成本包括:①畜禽养殖废水污染成本;②工业废水污染成本;③农村生活废水污染成本;④城市生活废水污染成本。

1) 畜禽养殖废水污染成本核算方法。

实际治理成本 =

$$\sum_{i=1}^{6}\left(\sum_{n=1}^{2}(干清粪实际治理成本 + 废水实际治理成本)\right)$$

干清粪实际治理成本 = 干法COD单位治理成本 × 干法COD去除量

废水实际治理成本 = 废水产生量 × 湿法工艺比例 × 废水处理率 × 单位废水治理成本

式中:n表示污染物种类,$COD_n = 1$,氨氮$n = 2$;i表示畜禽种类,猪$i = 1$,肉牛$i = 2$,奶牛$i = 3$,肉鸡$i = 4$,蛋鸡$i = 5$;由于干清粪在去除COD的同时也去除了$NH_3\text{-}N$,因此,干清粪实际治理成本用COD的干清粪实际治理成本来表示,即n仅为1,猪0.9元/千克,牛1.5元/千克,鸡0.5元/千克。

根据调查，规模化畜禽养殖废水的单位治理成本取 2.4 元/吨。畜禽养殖废水污染虚拟治理成本核算涉及更加复杂的专业核算模型和参数。

2）工业废水污染价值量核算方法和城市生活废水污染价值量核算方法。

《中国环境统计年报》公布了 2005 年、2010~2013 年各地区和行业的工业和生活废水实际治理成本。可以通过折算这几个年度的单位治理成本，取均值代替单位污水治理成本。其中：工业废水污染治理成本取 2 元/吨；生活废水污染治理成本取 1 元/吨。

表 9-6 全国工业和生活废水污染成本

年份	废水排放量（亿吨）			工业废水治理成本（亿元）	生活废水治理成本（亿元）	合计（亿元）
	合计	工业	生活			
2001	433	202.7	230.3	405.4	230.3	635.7
2002	439.5	207.2	232.3	414.4	232.3	646.7
2003	460	212.4	247.6	424.8	247.6	672.4
2004	482.4	221.1	261.3	442.2	261.3	703.5
2005	524.5	243.1	281.4	486.2	281.4	767.6
2006	536.8	240.2	296.6	480.4	296.6	777
2007	556.8	246.6	310.2	493.2	310.2	803.4
2008	571.7	241.7	330	483.4	330	813.4
2009	589.7	234.5	355.2	469	355.2	824.2
2010	617.3	237.5	379.8	475	379.8	854.8
2011	659.2	230.9	427.9	461.8	427.9	889.7
2012	684.8	221.6	462.7	443.2	462.7	905.9
2013	695.4	209.8	485.1	419.6	485.1	904.7

3）农村生活废水污染价值量核算方法。

农村生活废水治理成本 = 农村居民户数/15 × 农村沼气化率/100 × 农村生活废水单位治理成本

污染物治理成本 = 农村生活废水治理成本 × 污染物成本系数

其中，农村生活废水单位治理成本取 1500 元/15 户，农村居民户数取自《中国统计年鉴》。农村沼气化率缺乏统计数据支持，根据农村沼气化率的国家发展规划指标，COD 治理成本系数取 0.9，NH3-N 治理成本系数取 0.1。

《中国环境统计年报》中有城市污水厂处理运行费用的统计数据，但由于城市污水处理厂需处理一定量的工业污水，因此，需要将城市污水处理厂用于生活污水处理的费用分离出来。

城市废水治理成本 = 污水处理厂治理成本 × 生活污水处理量/总污水处理量

城市生活废水治理成本 = 城市废水治理成本 × 生活用水比例

第三产业废水治理成本 = 城市废水治理成本 × 第三产业用水比例

综上所述，由于畜禽养殖废水污染成本和农村生活废水污染成本两项测算的统计数据基础不足，我们以工业废水污染成本和城市生活废水污染成本两项合计价值量占总价值量75%（根据中国环境科学研究院测算）推算废水污染治理成本。

表 9-7 全国废水污染治理成本

年份	2001	2002	2003	2004	2005	2006	2007	2008	2009	2010	2011	2012	2013
废水污染成本（亿元）	847.6	862.3	896.5	938.0	1023.5	1036.0	1071.2	1084.5	1098.9	1139.7	1186.3	1207.9	1206.3

2006 年环境保护部环境规划院测算：2004 年废水污染引起的环境退化成本约为 2862.8 亿元；根据污染物总排放量，相应的废水单位污染物引起的环境退化成本为 4.5 元/吨。因此，相应的废水排放负债可依废水排放治理成本和废水排放导致的环境退化成本综合估算。

（2）废气排放负债。

废气污染治理成本可以分为工业废气污染治理成本和生活以及其他部门废气污染治理成本。工业废气污染治理成本直接采用环保部公布的数据：

《中国环境统计年报》公布了2005年、2010~2013年各地区和行业的工业废气实际治理成本：2005年为267.1亿元，2010年为1054.5亿元，2011年为1579.5亿元，2012年为1452.3亿元，2013年为1497.8亿元。

2006年环境保护部环境规划院的测算：2004年废气污染引起的环境退化成本约为2198亿元。根据污染物总排放量，相应的单位污染物引起的环境退化成本为9.25元/千立方米，相应的废气环境退化成本可以此估算。因此，相应的废气排放负债可依废气排放治理成本和废气排放导致的环境退化成本综合估算。

（3）工业固废排放负债。

表9-8　工业固体废物的单位治理成本

单位：元/吨

类别	处置单位治理成本		贮存单位治理成本	
	一般工业固体废物	危险废物	一般工业固体废物	危险废物
单位治理成本	22	1500	4.5	15

注：根据试点省市绿色国民经济核算和污染损失调查数据整理获得。
资料来源：环境保护部环境规划院。

工业固体废物虚拟治理成本=处置贮存废物的虚拟治理成本+处置排放废物的虚拟治理成本；处置贮存废物的虚拟治理成本=贮存量×（处置单位治理成本−贮存单位治理成本）；处置排放废物实际治理成本=排放量×处置单位治理成本。按表9-8的单位治理成本可以测算工业固体废物的污染治理成本。

2006年环境保护部环境规划院的测算：2004年固体废物污染引起的环境退化成本约为6.5亿元。根据污染物总排放量，相应的单位污染物引起的环境退化成本为0.54元/吨，相应的工业固废环境退化成本可以此估算。因此，相应的工业固体废物排放负债可依工业固体废物排放治理成本和工业固体废物排放导致的环境退化成本综合估算。

（4）生活垃圾排放负债。

生活垃圾的实际治理成本由垃圾清运实际治理成本、卫生填埋实际治理成本、无害化焚烧实际治理成本、堆肥实际治理成本和简易处理实际处理成本五部分组成。清运量、卫生填埋量、无害化焚烧量、堆肥量和简易处理量采用城建年报数据，垃圾清运的单位处理成本和不同处理方式的单位治理成本见表9-9。

生活垃圾的实际治理成本=清运实际治理成本+卫生填埋实际治理成本+无害化焚烧实际治理成本+堆肥实际治理成本+简易处理实际处理成本；清运实际治理成本=清运量×清运单位治理成本；卫生填埋实际治理成本=卫生填埋量×卫生填埋单位治理成本；无害化焚烧实际治理成本=无害化焚烧量×无害化焚烧单位治理成本；堆肥实际治理成本=堆肥量×堆肥单位治理成本；简易处理实际治理成本=简易处理量×简易处理单位治理成本。

表9-9 生活垃圾的单位治理成本

单位：元/吨

类别	清运	卫生填埋	无害化焚烧	堆肥	简易填埋
单位治理成本	25/20*	35	60	120	8

注：根据试点省市绿色国民经济核算和污染损失调查数据整理获得；* 表示东部地区取25元/吨，中西部地区取20元/吨，全国平均取22元/吨。

由于没有生活垃圾各类型处理的数据,所以分别计算每年生活垃圾全部用于某一种方式处理的成本。

2006年环境保护部环境规划院测算：2004年废水污染引起的环境退化成本约为2862.8亿元；废气污染引起的环境退化成本约为2198亿元；固体废弃物引起的环境退化成本约为6.5亿元。根据污染物总排放量,相应的单位污染物引起的环境退化成本分别为4.5元/吨、9.25元/千立方米、0.54元/吨。相应生活垃圾污染物引起的环境退化成本参照上述成本加权计算估计。因此,相应的生活垃圾排放负债可依生活垃圾排放治理成本和生活垃圾排放导致的环境退化成本综合估算。

在绿色GDP核算和环境经济核算中,自然资源资产和环境治理成本等定价问题一直都是难点,同样也是自然资源资产负债表编制过程中面临的重点和难点。自然资源定价方法不完善、不成熟,导致从实物量表到价值量表的通道尚未完全打通,直接影响以价值量披露的自然资源资产负债表的编制效果和应用价值。受制于价值量难以核算,国内已有研究和地方实际操作中,不少成果只提出了编制框架或仅编制实物量表。另外,由于目前国内相关统计数据缺乏系统性、完整性、一致性,难以支撑自然资源资产负债表的编制。基于这些问题,本报告对定价方法采用上述变通处理,虽有一定的局限性,但也具有合理性,后续将根据数据可得性,不断改进定价方法。

鉴于现有统计条件,今后在全国推进自然资源资产负债表编制工作中,应进一步夯实自然资源定价的理论基础,完善价值量核算方法。为此,建议在深入研究的基础上,由相关主管部门制定发布一套具有操作性、可动态调整的定价方法,形成科学、统一、标准、成熟的自然资源资产负债核算体系,并通过自然资源资产负债表的编制应用，带动相关统计工作的规范化和统计数据指标体系的完善。

四、试编结果

在明确自然资源资产负债表框架结构、基本内容和核算方法的基础上，中国社会科学院工业经济研究所课题组试编了 2002 年、2007 年、2012 年的 IIE 自然资源资产负债表（IIE-NRBS）价值量表，具体情况如下：

（一）2002 年我国国家级自然资源资产负债表

表 9-10 列示了 2002 年我国国家级自然资源资产负债表（价值量）。2002 年，我国自然资源资产为 2124778.80 亿元，自然资源负债为 64810.86 亿元，自然资源净资产为 2059967.94 亿元。从结构来看，自然资源负债占自然资源资产比重为 3.05%，自然资源净资产占自然资源资产比重为 96.95%。

表 9-10 我国国家级自然资源资产负债表（2002 年）

单位：亿元

自然资源资产			自然资源负债和净资产		
1	能源	952540.27	自然资源负债		
	1.1 煤	853292.25	1	（应计）资源耗减负债	57981.31
	1.2 石油	48323.32	1.1	不可再生资源耗减负债	8377.55
	1.3 天然气	50924.70	1.1.1	能源耗减负债	7715.69
2	矿产	186880.21	1.1.2	矿产耗减负债	661.86
	2.1 金属矿产	67241.04	1.2	可再生资源耗减负债	49603.76
	2.2 非金属矿产	119639.17	1.2.1	土地耗减	39638.25
3	土地	756975.28	1.2.2	森林耗减	215.15
	3.1 农用地	32779.93	1.2.3	水耗减	9750.36
	3.2 建设用地	724195.35	2	（应付）环境保护负债	6829.55
4	林业资源	60576.50	2.1	废水排放负债	2273.85

续表

自然资源资产			自然资源负债和净资产	
4.1	活立木蓄积量	60576.50	2.2 废气排放负债	4444.54
5	水	167806.53	2.3 工业固废排放负债	5.13
5.1	地表水	161786.17	2.4 生活垃圾排放负债	106.04
5.2	地下水	49451.73	自然资源负债合计	64810.86
5.3	地表水与地下水重复计算	43431.37	自然资源净资产	2059967.94
自然资源资产合计		2124778.80	自然资源负债和净资产合计	2124778.80

在2002年我国自然资源资产结构中（见图9-2），能源资源、矿产资源、土地资源、林业资源和水资源占自然资源资产比重分别为45%、9%、35%、3%和8%。自然资源相对价值由高到低分别是能源资源、土地资源、矿产资源、水资源和林业资源。

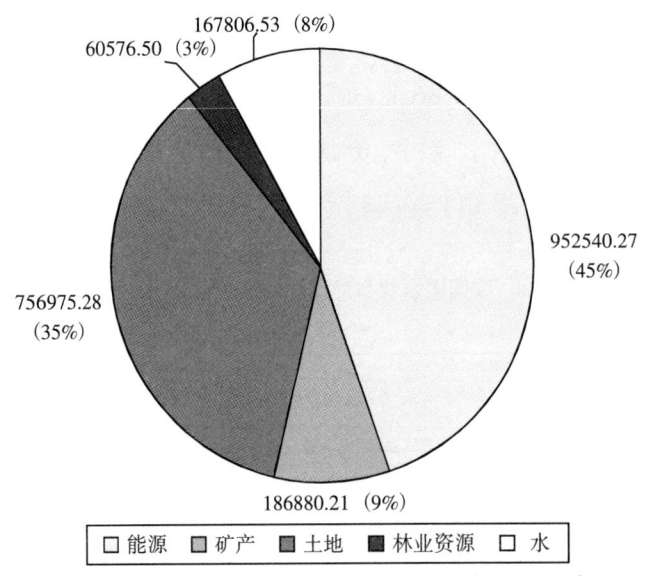

图9-2 2002年自然资源资产结构图（单位：亿元）

在2002年我国自然资源负债结构中（见图9-3），资源耗减负债占总负债的比重为89%，环境保护负债占总负债的比重为11%，这表明我国2002年资源环境欠账主要是由自然资源

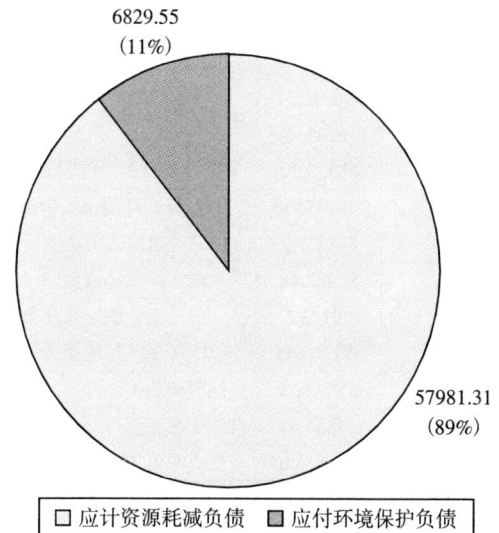

图 9-3 2002年自然资源负债结构图（单位：亿元）

大量耗用导致的。

（二）2007年我国国家级自然资源资产负债表

表 9-11 列示了 2007 年我国国家级自然资源资产负债表（价值量）。2007 年，我国自然资源资产为 3666885.65 亿元，自然资源负债为 111078.03 亿元，自然资源净资产为 3555807.61 亿元。从结构来看，自然资源负债占自然资源资产比重为 3.03%，自然资源净资产占自然资源资产比重为 96.97%。

表 9-11 我国国家级自然资源资产负债表（2007年）

单位：亿元

自然资源资产			自然资源负债和净资产		
1	能源		1367418.69	自然资源负债	
	1.1	煤	1146318.05	1 （应计）资源耗减负债	103659.79
	1.2	石油	131069.74	1.1 不可再生资源耗减负债	26249.46
	1.3	天然气	90030.91	1.1.1 能源耗减负债	23398.51
2	矿产		570965.28	1.1.2 矿产耗减负债	2850.95
	2.1	金属矿产	154736.72	1.2 可再生资源耗减负债	77410.34

续表

自然资源资产			自然资源负债和净资产		
2.2 非金属矿产		416228.57	1.2.1 土地耗减		63188.12
3 土地		1462474.92	1.2.2 森林耗减		445.11
3.1 农用地		68523.10	1.2.3 水耗减		13777.10
3.2 建设用地		1393951.83	2 （应付）环境保护负债		7418.24
4 林业资源		86883.48	2.1 废水排放负债		3144.90
4.1 活立木蓄积量		86883.48	2.2 废气排放负债		4145.56
5 水		179143.27	2.3 工业固废排放负债		9.48
5.1 地表水		171108.41	2.4 生活垃圾排放负债		118.29
5.2 地下水		55572.33	自然资源负债合计		111078.03
5.3 地表水与地下水重复计算		47537.47	自然资源净资产		3555807.61
自然资源资产合计		3666885.65	自然资源负债和净资产合计		3666885.65

在2007年我国自然资源资产结构中（见图9-4），能源资源、矿产资源、土地资源、林业资源和水资源占自然资源资产比重分别为37%、16%、40%、2%和5%。土地资源占自然资源资产比重超过能源资源，为相对价值最高的自然资源类型。

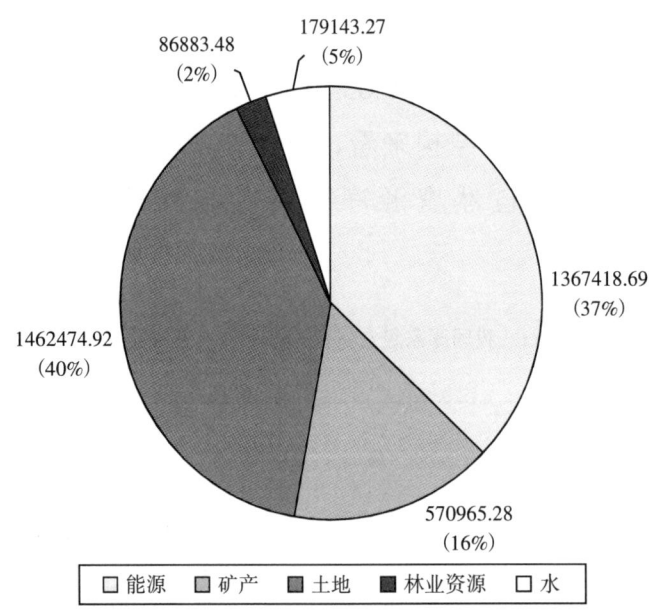

图9-4 2007年自然资源资产结构图（单位：亿元）

在2007年我国自然资源负债结构中（见图9-5），资源耗减负债占总负债的比重为93%，环境保护负债占总负债的比重为7%，这表明我国2007年资源耗减负债占总负债的比重进一步增大，自然资源大量耗用导致的资源环境欠账比重进一步提高。

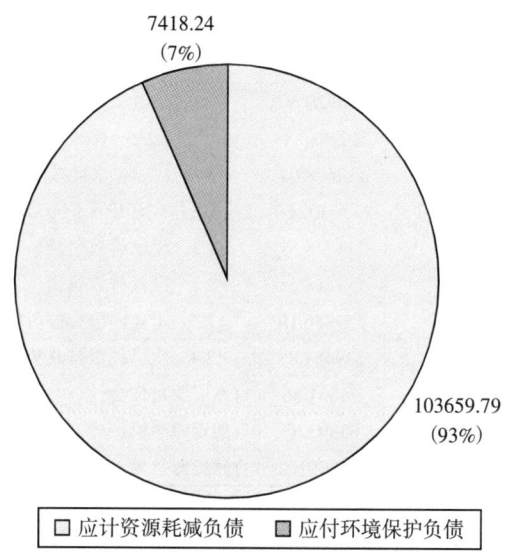

图9-5　2007年自然资源负债结构图（单位：亿元）

（三）2012年我国国家级自然资源资产负债表

表9-12列示了2012年我国国家级自然资源资产负债表（价值量）。2012年，我国自然资源资产为6256391.48亿元，自然资源负债为204119.37亿元，自然资源净资产为6052272.11亿元。从结构来看，自然资源负债占自然资源资产比重为3.26%，自然资源净资产占自然资源资产比重为96.74%。

在2012年我国自然资源资产结构中（见图9-6），能源资源、矿产资源、土地资源、林业资源和水资源占自然资源总资产比重分别为36%、12%、46%、2%和4%。土地资源占自然

表 9–12　我国国家级自然资源资产负债表（2012 年）

单位：亿元

自然资源资产		自然资源负债和净资产		
1　能源	2287996.54	自然资源负债		
1.1　煤	1938966.62	1　（应计）资源耗减负债		192501.55
1.2　石油	172664.93	1.1　不可再生资源耗减负债		49584.46
1.3　天然气	176365.00	1.1.1　能源耗减负债		44906.36
2　矿产	728279.39	1.1.2　矿产耗减负债		4678.10
2.1　金属矿产	279358.79	1.2　可再生资源耗减负债		142917.09
2.2　非金属矿产	448920.60	1.2.1　土地耗减		125785.80
3　土地	2869030.83	1.2.2　森林耗减		609.85
3.1　农用地	112628.04	1.2.3　水耗减		16521.44
3.2　建设用地	2756402.80	2　（应付）环境保护负债		11617.82
4　林业资源	111248.61	2.1　废水排放负债		4136.40
4.1　活立木蓄积量	111248.61	2.2　废气排放负债		7330.85
5　水	259836.10	2.3　工业固废排放负债		17.77
5.1　地表水	249667.88	2.4　生活垃圾排放负债		132.80
5.2　地下水	74061.86	自然资源负债合计		204119.37
5.3　地表水与地下水重复计算	63893.63	自然资源净资产		6052272.11
自然资源资产合计	6256391.48	自然资源负债和净资产合计		6256391.48

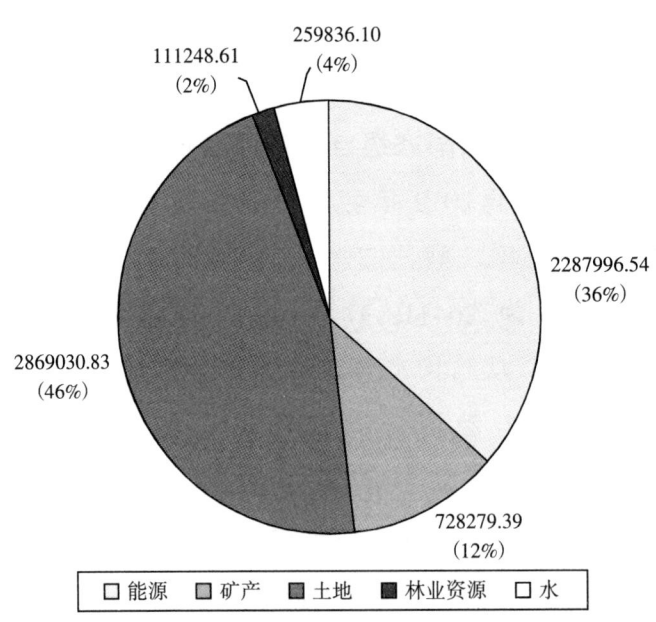

图 9–6　2012 年自然资源资产结构图（单位：亿元）

资源资产的比重进一步上升，矿产资源、水资源占自然资源资产的比重相对进一步下降。

在2012年我国自然资源负债结构中（见图9-7），资源耗减负债占总负债的比重为94%，环境保护负债占总负债的比重为6%，这表明我国2012年资源耗减负债占总负债的比重仍然在缓慢扩大，自然资源大量耗用导致的资源环境欠账并没有得到明显好转。

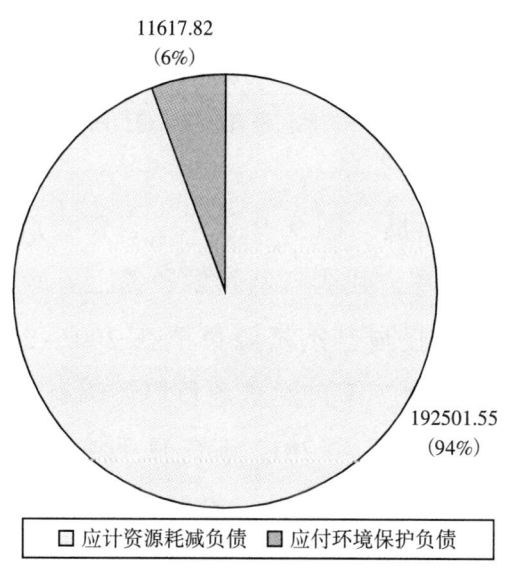

图9-7 2012年自然资源负债结构图（单位：亿元）

（四）2002~2012年自然资源资产负债变化趋势

通过2002年、2007年和2012年自然资源资产负债表数据可以看出：

（1）自然资源资产：图9-8显示了自然资源资产的变化趋势。从当年价格来看，我国自然资源资产呈快速上升态势；但从2002年不变价格来看，我国自然资源资产在2002~2012年10年间呈缓慢上升态势，2007年自然资源资产还略有下降。

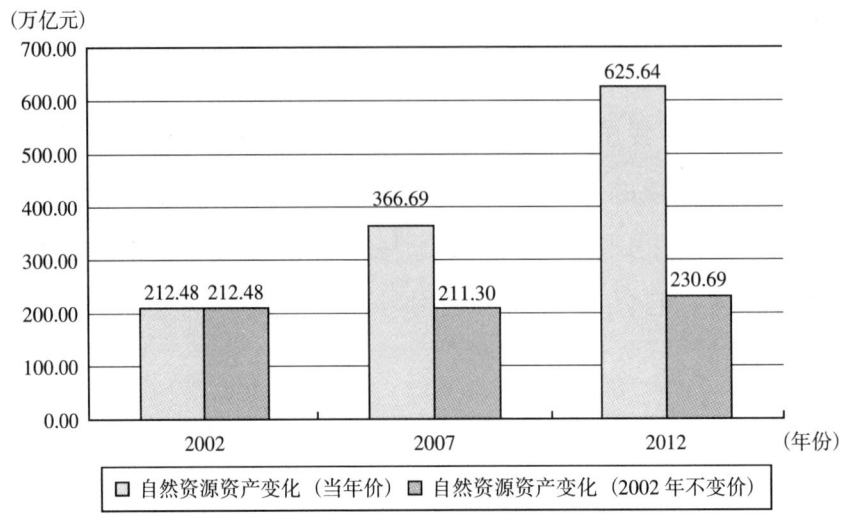

图 9-8 自然资源资产变化趋势图

（2）自然资源负债：图 9-9 显示了自然资源负债的变化趋势。从当年价格来看，我国自然资源负债上升较快；但从 2002 年不变价格来看，我国自然资源负债在 2002~2012 年 10 年间呈缓慢增长趋势，2007 年自然资源负债还略有下降。值得注意的是，2002 年、2007 年和 2012 年资源耗减负债占总体债务的比重分别为 89%、93%、94%，表明随着社会经济的快速发展，资源大量耗减带来的欠账不管从总量上还是结构上来看，都是越来越多。而 2002 年、2007 年和 2012 年应计环境保护负债占总体债务的比重分别为 11%、7%、6%，表明受资源耗减负债巨额攀升影响，同时我国环保投入力度逐年加大，因此（应付）环境保护负债在自然资源负债中的比重却呈下降态势。

（3）自然资源净资产：图 9-10 显示了自然资源净资产的变化趋势。从当年价格来看，我国自然资源净资产呈快速上升态势，2002 年、2007 年和 2012 年自然资源净资产价值分别为 2059967.94 亿元、3555807.61 亿元和 6052272.11 亿元。从 2002

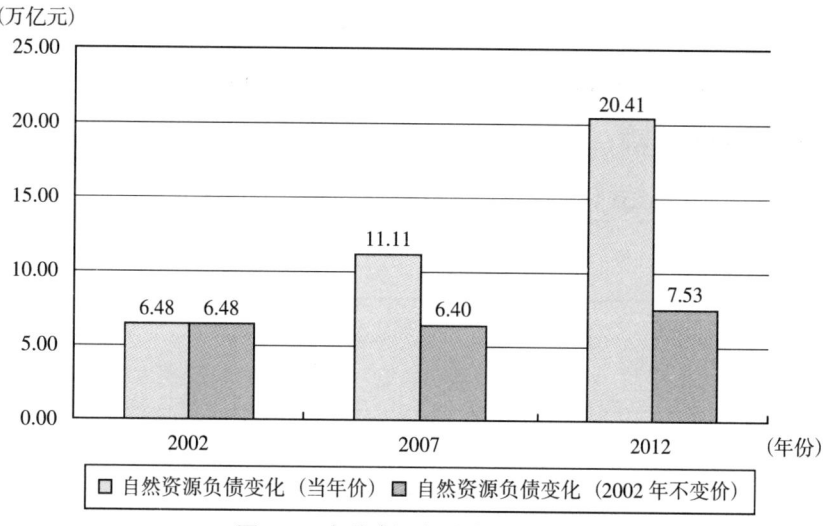

图 9-9 自然资源负债变化趋势图

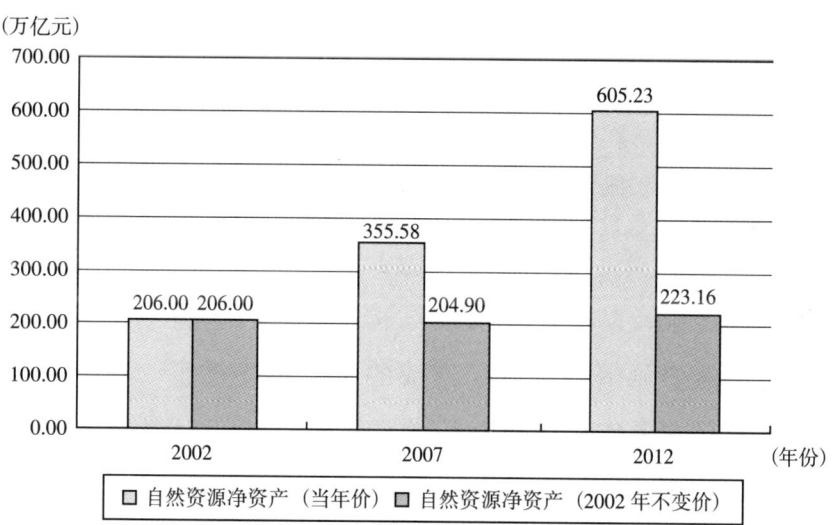

图 9-10 自然资源净资产变化趋势图

年不变价格来看,我国自然资源净资产在 2002 年、2007 年和 2012 年分别为 2059967.94 亿元、2049040.11 亿元和 2231622.12 亿元。

(4) 人均自然资源净资产:图 9-11 显示了人均自然资源

净资产的变化趋势。从当年价格来看，2002年、2007年和2012年分别为16.04万元、26.91万元和44.70万元；从2002年不变价格来看，我国自然资源净资产在2002年、2007年和2012年分别为16.04万元、15.51万元和16.48万元。

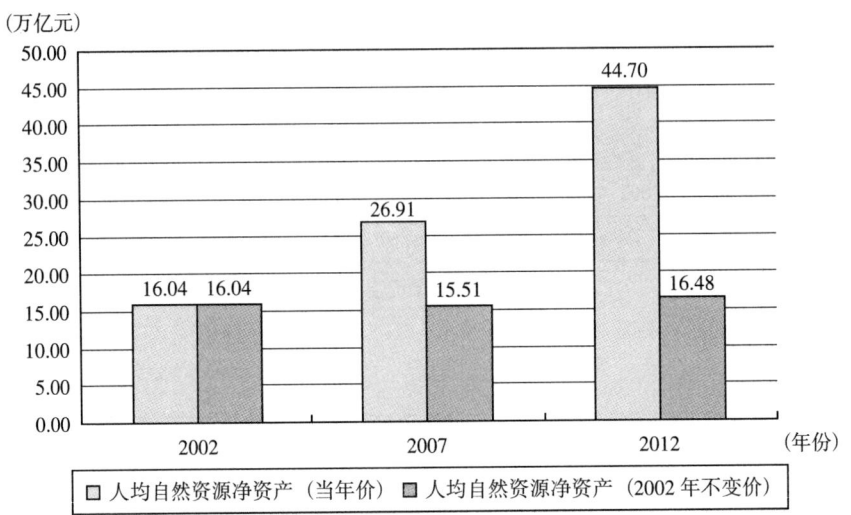

图9-11 人均自然资源净资产变化趋势图

根据2002年、2007年、2012年三年的自然资源资产负债表的试编结果，从资产和负债结构来看，我国自然资源负债主要源于自然资源消耗及其所造成的生态环境损害。其中，自然资源耗减起主要作用。自然资源资产中，2002年能源资产占比最大，2007年和2012年土地资产占比最大，森林、水等自然资源资产占比较小。

再从变动趋势来看，以2002年不变价格计算，2002~2012年10年间我国自然资源负债呈缓慢增长趋势，2007年自然资源负债还略有下降。尽管根据试编表计算的资产负债率较低，并且近10年没有明显的上升，但并不能说明生态环境问题不突出。通过试编表发现，具有生态环境价值的自然资源资产增长缓慢，同时资源耗减负债增长较快，是我国自然资源资产负债结构中存在的主要问题。同时，能源耗减和矿产资源耗减过快在试编表中也有反映。因此，加强水资源保护、进一步加强森林保护和人工造林、加大节能减排力度等，可极大地改善我国自然资源资产负债表的结构。

五、问题与建议

（一）存在的问题

编制自然资源资产负债表是一项具有创新性的工作。课题组在试编过程中面临着很多困难，主要体现在以下三个方面：

一是自然资源相关基础统计数据缺失、不准确。由于自然资源的形态、分布不尽相同，对这些资源的实物量核算难度较大，部分自然资源实物量统计数据缺失严重。已有的个别数据，不同来源渠道之间彼此存在较大差异，数据精准性不高。针对缺失不准的数据，本报告采取相关数据替代、统计推断、专家评估等方法进行了补充验证。

二是自然资源资产负债的价值计量十分困难，由实物量到价值量的实现是一个技术性强、工作量大的跨越。如何合理衡量自然资源资产、负债的经济价值、生态价值、社会价值，是本报告的第二个重点和难点，本课题拟采用会计学、金融学中多种估值方法和评估技术，对自然资源资产和负债的价值量进行合理估算。

三是自然资源资产负债难以全面列报。由于自然资源分类尚不统一，且部分类别未进行统计，现阶段对所有自然资源资产和生态环境影响进行列报难度较大。课题组试编的资产范围仅包括矿产资源、能源资源、林业资源、土地资源和水资源五类，对于海洋、光能、气候等对自然生态环境影响较大的自然生态资源都没有进行列报披露，列报内容并不全面。自然资源负债仅考虑了（应计）资源耗减负债和（应付）环境保护负债，因地质灾害等自然现象导致的应由生态责任主体承担的环境责任，也没有纳入自然资源负债列报范围。

（二）政策建议

针对自然资源资产负债表试编过程中存在的问题，为推进自然资源资产负债表的研究和编制工作，课题组提出以下建议：

1. 深入研究自然资源资产负债表重大理论问题

对于自然资源资产负债表的理论基础、基本框架、主要内容和编制方法，目前已有一些相关理论研究，但总体来看都处于研究初始阶段，尚有待进一步深入，深入研究自然资源资产负债表编制相关的重大理论问题，可为实际编报提供理论依据和支撑。建议加快人才培养和研究队伍建设，深化自然资源资产负债表的理论研究。

2. 建立和完善自然资源台账系统

加强自然资源基础信息整合，建立和完善自然资源台账系统，对自然资源进行账户管理，是自然资源资产负债表编制的核算基础。建立和完善自然资源台账系统，既是推进自然资源产权改革的数据基础和前提条件，也是预防国有（集体）自然资源资产流失的重大举措。

3. 构建系统全面的自然资源数据收集和信息监测网络

一是加强自然资源基础数据收集，弥补自然资源数据空白；二是改进数据收集和信息监测技术与方法，充分利用信息技术的快速发展，加强动态监测，提高监测频度和效率。

4. 建立自然资源计量记录核算准则体系

在会计准则体系（企业会计准则、应用指南、准则解释）中，建议积极研究并适时推出系统的水资源和土地资源会计准则，并发布相关会计政策指引，为水资源、土地资源核算提供法律规范和操作依据。做好联合国综合环境经济核算体系（SEEA2012）的中国化、本土化工作，建立自然资源资产负债表的统计体系。

5. 设定自然资源资产负债表价值量转换参数指标

在自然资源资产负债实物量表向价值量表转换的过程中，建议由国家统计局明确自然资源资产和负债的估值技术与方法，并就自然资源资产和负债的价值计量设定价值量转换参数指标，指导各地自然资源资产和负债的价值计量工作。

第十章 "自然资源资产负债表理论与实践"会议交流

由中国社会科学院工业经济研究所主办、中国企业管理研究会协办的"自然资源资产负债表理论与实践研讨会暨IIE-NRBS编制阶段性成果发布会",于2015年4月26日在北京召开。会议的主题为"资产负债表编制理论与框架设计"。中国社会科学院李扬副院长、国家统计局许宪春副局长、财政部国库司娄洪巡视员、中国人民大学耿建新教授、首都经贸大学杨世忠教授、中国水利水电科学研究院甘泓研究员、东北财经大学陈艳利教授、贵州省统计局李平惠副处长、内蒙古自治区统计局梁卫国副处长等专家学者及地方试点单位代表做大会主题发言。来自中国水利水电科学研究院、中国人民大学、首都经济贸易大学、山西大学、华北科技学院、东北财经大学、苏州大学、南京工业大学、中国农业大学、中国科学院、中国海洋大学、北京交通大学、四川大学、国家会计学院、唐山学院、忻州师范学院、《会计之友》杂志社17所高校院所、学术期刊和研究机构的50名专家学者参加了研讨会。与会学者围绕"自然资源资产负债表框架设计和最新进展"这一主题,分享了诸多富有价值的研究成果和学术观点。

一、生态文明建设与编制自然资源资产负债表

中国社会科学院李扬副院长认为，中共十八届三中全会提出探索编制自然资源资产负债表这一举措是我国生态文明建设的里程碑。任何经济活动都必须有适当的框架加以刻画。自然资源资产负债表就是一个能够反映自然资源与经济活动之间关系的很好的框架。根据之前编制国家资产负债表的体会，从实用性和技术性角度来看，自然资源资产负债表不宜，也没必要编得太细。只要能够反映自然资源资产和负债的变动趋势，就可达到编制的目的。自然资源资产负债表编制的核心，一是确认编制范围，即确认哪些自然资源需要进入资产负债表；二是确定如何定价，自然资源可交易性较差，不进入交易的自然资源定价就是零，因此可交易性是自然资源定价的必要条件。自然资源种类繁多，特点不一，这对于工业经济研究所课题组编制资产负债表是一个挑战。当前编制自然资源资产负债表还处于探索阶段，需要召开这样的会议，邀请各界人士对理论框架、实际应用等问题进行探讨，力争在更多认识上达成共识，推动国家自然资源资产负债表的编制。

国家统计局许宪春副局长非常肯定自然资源资产负债表的编制工作。他指出，国家对这项工作非常重视，要求统计局尽快拿出方案。目前就统计系统内部，自然资源资产负债表编制的基础薄弱，很多技术性问题没有达成共识。一是如何界定编制范围。例如，短期内不能开发的自然资源算不算资产、具体

应分类细化到什么程度等。二是如何估价。没有进入市场交易的自然资源,估不估价,如何估价。方法选择不同,最终价值量差异非常大。如果我们的自然资源资产,比美国、加拿大、俄罗斯大的话,那么方法一定是错误的。因此,方法选择需要慎重,要能经得起推敲。三是基础数据来源。根据目前的统计情况,不少自然资源已经有了实物量统计,但是有的自然资源实物量数据有缺口。这要求编制的同时还要做大量的基础性工作。

财政部娄洪巡视员认为,自然资源具有多重属性。如"基础设施"属性,本身没有收益不能形成资产;"经济属性",进入交易能够形成资产。例如道路等社会公共支出形成的资本,这笔永久性的投入,对私人来说就是一笔免费的资本投入。现在这部分资本存量,对生产会产生影响,也会形成一种流量。自然资源定价需要从经济学角度去研究,自然资源资产负债表的编制要遵循会计原理。

中国社会科学院工业经济研究所党委书记、副所长史丹研究员代表创新工程课题组报告了"自然资源资产负债表编制的理论与方法"的研究目的、主要任务、研究进展和下一步工作打算,并且简要介绍了中国社会科学院工业经济研究所试编的自然资源资产负债表(简称IIE-NRBS)编制的理论与方法,对我国探索编制自然资源资产负债表及其应用发表了自己的看法。史丹认为,第一,自然资源资产负债表编制就是要落实中共十八届三中全会精神,满足各级政府和有关部门对干部离任审计的现实需要。如何应用,是编表的主要目的。第二,基于考核应用的目的,自然资源资产负债表既不是单纯的统计核算,也不是单纯的会计核算。第三,由于各地资源禀赋差异,指标选择应该以负债为主，资产为辅。第四，报表编制应该以实物量为主，价值量为辅。实物量报表能够反映生态环境建设情况，而价值量报表无法体现这一点。第五，课题组在试编过程中发现难点非常多。例如，基础工作薄弱，统计数据不全；估价方法还不够成熟。

二、自然资源资产负债表编制经验交流

中国社会科学院工业经济研究所创新工程项目组张金昌研究员、张艳芳博士、胡文龙博士代表课题组分别做了《自然资源资产负债表的基本框架与体系设计》、《自然资源定价方法探讨》和《IIE-NRBS表试编结果》等阶段性成果报告。

张金昌研究员认为，自然资源资产负债表是综合反映一国或地区自然资源的"家底"、使用状况及其生态环境影响的有效信息披露方式，它有实物量和价值量两种表现形式，反映的是一国或地区在某一时点上对于自然资源环境的权利义务状态，可以看成是某一特定时点生态责任主体对所拥有的自然资源资产价值和所承担的生态环境负债责任所拍的一张"快照"。自然资源资产总表包括资产、负债和净资产三个部分。资产方包括自然资源资产、生态环境资产、资源环境治理资产、资源环境税费收支余额四个部分。负债方包括自然资源耗减负债、生态环境污染负债、资源环境治理负债三个部分。净资产是资产方合计数与负债方合计数之差。自然资源报表体系，包括实物量表和价值量表。

IIE自然资源资产负债表与SEEA体系在核算内容上基本

一致。SEEA2012 包括核心框架、生态系统服务和应用扩展三个部分。从其内容来看，IIE 自然资源资产负债表包括自然资源、生态环境、政府的收费和资源环境保护投资四个部分，基本上与编制自然资源资产负债表的要求是重合的。但是，二者在列报形式上有较大差别。SEEA2012 要求以账户余额及其变动的形式来核算，自然资源资产负债表要求用资产和负债的形式来核算。IIE 自然资源资产负债表相对 SEEA 体系的优势在于：按照 SEEA 的要求进行统计核算，会得出一个资产变动的结果数据，这个数据将在国民经济账户体系中得以反映。按照自然资源资产负债表形式核算，则会得出一个净资产额，它也可在国民经济账户中得以反映。但用资产负债表的形式可以将资产（增加）和负债（资产的减损）单独列示，展示的信息要比 SEEA 账户方式更全面，更便于绩效考核和责任追究。

张艳芳博士认为，编制自然资源资产负债表的关键步骤之一是在自然资源实物量统计基础上实现其价值量核算，而价值量统计需要科学、适用的定价方法做支撑。考虑到可操作性和计算复杂性，在编制自然资源资产负债表的过程中，对各类自然资源定价宜采用市场估价法。具体到各类资源，本研究采用了以下定价方法：①矿产资源。能源矿产资源采用市场价格法，考虑数据的长期可得性，原油价格采用国际油价。金属矿产资源与非金属矿产资源定价方法采用市场价格法。②水资源。单位水资源价格包括单位水资源经济价格与单位水资源生态价格。③土地资源。非建设用地价格采用收益现值法。④森林资源。林木资源定价方法采用市场价格法，即年度木材平均销售单价。⑤生态环境。由于环境资源往往没有市场价值，不能直接用市场价格来计量。本报告中环境污染定价采用基于成本的污染成本法。

鉴于现有统计条件，今后在全国推进自然资源资产负债表编制的工作中，应进一步夯实自然资源定价的理论基础，完善价值量核算方法。为此，建议在深入研究的基础上，由相关主管部门制定发布一套具有操作性、可动态调整的定价方法，形成科学、统一、标准、成熟的自然资源资产负债核算体系，并通过自然资源资产负债表的编制应用，带动相关统计工作的规范化和统计数据指标体系的完善。

胡文龙博士代表课题组介绍了IIE-NRBS的试编结果。根据2002年、2007年、2012年三年的自然资源资产负债的试编结果，从资产和负债结构来看，我国自然资源负债的形成主要源于自然资源消耗及其所造成的生态环境损害。自然资源资产中，土地资产占比较大，主要原因在于我国国土面积大；然后是能源资产；而森林、水等自然资产在资产中占比较小。

从变动趋势来看，以2002年不变价格计算，2002~2012年10年间我国自然资源负债呈缓慢增长趋势，2007年自然资源负债还略有下降。通过试编自然资源资产负债表发现，具有生态环境价值的自然资产过少是我国自然资源资产结构中存在的主要问题。同时，矿产资源消耗过快在试编自然资源资产负债表中也有反映。因此，加强水资源保护、进一步加强森林保护和人工造林、加大节能减排力度等，可极大地改善我国自然资源资产负债表的结构。

课题组在试编自然资源资产负债表过程中遇到了统计数据、价值计量等方面的困难。为此，课题组提出以下建议：一要深入研究自然资源资产负债表编制相关的重大理论问题，为实际编报提供理论依据和支撑；二要加紧颁布自然资源实物量统计和价值量核算准则，建立自然资源计量记录核算准则体系，做好联合国综合环境经济核算体系（SEEA2012）的中国化、本土化工作，同时，由国家统计局明确自然资源资产和负债的估值技术与方法，指导各地自然资源资产和负债的价值计量核算工作；三要加强自然资源基础信息整合，建立和完善自然资源台账系统，对自然资源进行账户管理；四要加大对自然资源统计手段与测量技术的投入力度，构建系统全面的自然资源数据收集和信息网络；五要加快人才培养和队伍建设；六要加强组织协调，完善工作机制。

贵州省统计局核算处李平惠副处长介绍了贵州省探索编制自然资源资产负债表工作的进展。目前贵州省统计局初步完成了《贵州省自然资源资产负债表编制方案》（征求意见稿），其中包括《贵州省森林资源资产负债表编制方案》、《贵州省土地资源资产负债表编制方案》和《贵州省水资源资产负债表编制方案》三个子方案。贵州省统计局在编制中也遇到了一些困难。例如，理论和实践不能很好衔接；准确划分和核算各种资源难度较大；自然资源不同功能的估价难度大；负债的准确界定还需要深入研究；编制结果的评估论证比较难。

内蒙古自治区统计局核算司副处长梁卫国介绍，目前内蒙古自治区的工作本着先易后难的原则，主要选择统计数据较好的森林、草原、湿地，先行试编实物量，主要目标是反映一定时期内，实物量的增减变动，其中实物量变动又细分为自然变动和非自然变动。涉及价值量部分，希望国家统计局能有统一的估价方法体系。目前内蒙古自治区主要选择呼伦贝尔市和赤峰市做试点，计划在 2015 年 6 月底，进行上报，2018 年编制出全区和各盟市的自然资源资产负债表。

中国人民大学耿建新教授介绍了他的研究团队以 SEEA 为主体编制的北京市丰台区自然资源资产负债表的方案和结果。

首都经贸大学杨世忠教授以会计核算的思路，对资产负债表进行逻辑延伸，编制了国土资源资产负债表。报表结构包括国土资源环境资产及其分类，反映了各类各层级国土资源赋存状态；国土资源环境负债及其分类、国土资源环境资本及其分类，反映了国土资源资产的权属，分别以实物量和价值量计量。国土资源资产负债表的核心会计要素包括环境资产、环境负债、环境资本、环境收入、环境利润等。SEEA 的平衡表不能反映经济责任追溯的需要，除了本身的变化之外，还应当反映权属关系的变化，以及对环境责任和环境努力的变化，因此必须有环境负债和环境资本。

三、自然资源资产负债表框架设计

中国水利水电科学研究院甘泓研究员以水资源资产负债表编制为例，认为编制自然资源资产负债表有共性问题和资源的特性问题。其中共性问题包括：一是负债在哪，如何核算；二是自然资源资产如何确权，应该归谁所有；三是自然资源资产或者负债的价值如何计量；四是统计问题。水资源特性包括：一是可再生性，难以确定水资源存量资产（更关注水资源流量），难以满足水资源资产账户的基本要求。二是随机性，天然随机性带来用水的随机性。难以剥离水资源资产变化因素，给考核带来不确定性。水资源资产核算和水资源权益确定都有难度。三是流动性，难以确定水资源资产归属者，即如何对区域间流动的水资源资产确权。甘泓研究员也提出了其团队在编制水资源资产负债表时面临的关键问题。一是编制对象。与水相关的自然资源涉及面广，哪些水资产应该包含在水资源资产负债表中。二是编制范围。从广义水资源对水资源总量，再到与人类活动密切相关的水资源使用量，哪些需要或者应该进行核算。三是水资源负债。自然资源不存在负债，要求编制自然资源资产负债表，能否以自然资源资产账户替代。如何通过资产负债表核算"资源消耗、环境损害、生态效益"。四是分质水资源实物量评估。按水质类别评估水资源资产是 SEEA 的基本要求，但是在实施中较难做到，其既是水资源管理部门最为紧迫的需求，也是从事水资源评价的研究者长期以来的追求。五是关于统计体系。国家资产负债表已经融入 SNA，而自然资源和水资源资产负债表似乎仍游离于 SEEA 和 SEEAW 之外。六是关于水资源资产负债表表式。尚无一个既满足资产负债表基本要求又具有水资源特点的自然资源或水资源资产负债表可借鉴。针对这些问题，报告中也提出了相应的解决途径。

东北财经大学会计学院陈艳利教授认为，自然资源资产负债表本质上是一张"管理报表"，可以反映政府作为自然资源的所有者在某一地区某一时点自然资源资产、负债和所有者权益的存量信息，也可以反映某一期间该地区各报表要素的流量信息。通过分析这些报表要素的存量与流量信息，可以评价官员任期内该地区自然资源的管理绩效，配合官员的离任审计，可以综合反映政府拥有或控制的自然资源资产及其管理绩效。编制主体为各级人民政府及其所属部门，其编制应由财政部、统计局牵头多部门参与。自然资源资产要素确认条件应当至少满足产权明确性、可计量性、效益的可能实现性。自然资源负债要素至少应该满足政府责任确定性、可能发生性、可计量性等确认条件。自然资源所有者权益要素确认应该满足相关产权确认性、地域范围无争议性、可计量性、权益的权利性。对于自然资源资产负债表列报，考虑到政府会计制度改革的现实需要，按照"自然资源资产=自然资源负债+自然资源所有者权益"的会计等式进行自然资源资产负债表的列报与披露，尤其是自然资源资产负债的核算可以反映出某一地区政府对自然资源所承担的责任与义务，应作为政府官员离任审计的重要内容，也是政府绩效评价与政府治理的关注重点所在。

中国人民大学崔琳围绕自然资源资产负债表的理论基础与编制思路开展研究，重点在梳理自然资源内涵与属性的基础上对自然资源资产、负债、所有者权益的概念进行界定，从当期与跨期两个维度探讨其平衡关系，兼顾存量与流量的变化给出自然资源资产负债表的基本结构，对于自然资源资产负债表形式的设计，既参考企业资产负债表的形式，又借鉴综合环境UNSEEA，同时还需兼顾存量与流量的关系。此外，崔琳提出由实物表向价值表转化过程中所需的环境价值评估理论与方法，进而结合生态文明建设、经济发展方式转型以及自然资源与环境治理的科学规划提出了自然资源资产负债表的利用方式。

四、自由讨论与交流

与会专家学者就自然资源资产负债表的理论框架、负债定义、编制范围以及如何估价等关键问题进行了充分的交流。

中国人民大学高敏雪教授认为，实物量比价值量披露更加重要。工业经济研究所、中国人民大学等研究成果的估价方法，更多是经济学概念，完全突破了会计学范畴。高敏雪教授提出了供与会专家共同探讨的问题。第一，资产与负债匹配问题。工业经济研究所课题组对负债的界定是流量概念，即当年耗减，而资产是存量概念，即若干年累计，可能存在不匹配问题。第二，负债的概念问题。自然资源可能会存在过度利用现象，负债能够体现超采和过度使用。负债不是在货币价值意义上确定负债，而是从管理意义上确定负债。负债不一定要货币化，负债可以分层次进行界定。第一层为实物量上的定义，即超采或过度使用。第二层考虑价值化，即超采的后果。实物量与配给额分开，可能会产生负债概念。例如，划定红线，超出部分作为超采或过度使用。第三层为主体和客体问题。把环境体和经济体之间的关系界定清楚，客体的界定必须包括实物资产和无形资产。实际操作中可以把统计基础好的森林、水、矿产等先行编制，生态系统往后放一放。

工业经济研究所张其仔研究员认为，当前对自然资源资产负债表中负债的概念分类有三种观点。他个人更倾向于配额制的观点，即自然资源的使用应该有一个合理量，超过了合理使用量就是过度使用。如果单纯从考核的角度来看，不需要编制如此复杂的报表体系，节能减排指标完全可以对领导进行考核。因此，自然资源资产负债表编制不仅可用于考核，而是要有利于我们更好地管理自然资源资产。此外，有的研究将治污投资纳入资产不妥。一般来说，治污投资越大，说明环境污染越大，如此处理会得出污染越大的地方，其资产越大的不太合理结论。

国家统计局核算司徐雄飞处长认为，目前理论界和统计部门达成的共识是自然资源资产负债表的实物量核算很重要，价值量核算掩盖了一些有价值的信息。从实际操作来看，实物量是基础，更有用，价值量能做到什么程度，就做到什么程度。负债是有责任的，负债不是会计上的概念，不是权益的概念，也不是与资产对应的概念。

工业经济研究所史丹书记回应了有关 IIE-NRBS 试编中的负债率较低的问题。自然资源资产负债表主要用于政府离任审计考核。课题组试编了五年的表，但是考虑到领导干部任期的不确定性，负债利用年度流量进行核算是必要的。对于负债的概念，配额制从理论上是完善的，但是操作性不强。关于目前提出的设定红线，从现实来看，各级政府不可能突破红线，因此没有意义。

工业经济研究所白玫副研究员提出，自然资源资产负债表的试编应该着眼于如何把问题简化。如果一味强调自然资源的确权，自然资源资产负债表可能无法试编。工业经济研究所项目组很长时间在做理论框架设计，只有先编制找到其中的问题和难点，再进行修正，才能进一步推动自然资源资产负债表编制工作。

首都经济贸易大学杨世忠教授认为，负债问题从实物量上可以界定清楚。可再生资源，从质和量两个方面可以界定其界限，超过的部分就是负债。不可再生资源、耗竭资源则比较难界定。消耗资产过程中通过对资产进行投入使生态恢复平衡，这种必要的投入就是负债。大量开采化石能源，使固态碳变成了气态碳，使环境承载力超标，超过了可再生能力，就是负债。

国家统计局程子林司长认为，工业经济研究所课题组在推进自然资源资产负债表的研究和编制方面做出了重要贡献。对于自然资源资产负债表的编制，程司长也提出了自己的观点。第一，自然资源资产负债表编制的总体目标是推动生态文明建设。编表只是离任审计依据之一。如果编制成功，则不仅能够实现离任审计，还能够把自然资源统计标准、统计制度、统计数据都重新洗牌。各部门制度可以衔接，更加符合国际标准。第二，自然资源资产负债表的各类概念只要能从理论上自圆其说即可。但是负债一定是存量的概念，是未来要支付的或有债务。第三，资产范围问题。SEEA将资产分为七类，IIE-NRBS则分为五类。学术研究可以有一套，但是实际中要注意和中国管理体系相结合。第四，当前编制的技术路线分为：会计派、统计派、政策派，不同观点交锋能够促进研究深化。例如，SNA的根据是会计，但是上升到国家层面，就不仅是会计范畴，而是账户体系，既是会计也是统计，又有经济学理论，但仍然是会计的基础。第五，与国际标准和国际研究成果衔接。国际标准是SNA及其配套的SEEA。当年在研究国民经济核算时，讨论非常激烈，最终还是接受了SNA。SEEA从1993年到2012年逐渐成为国际标准，统计界现在认识到自然资源资产负债表编制应该以此为重要参考。我们可以创新，但基本的规则要统一，不能随意更改。

五、结语

编制自然资源资产负债表是一项创新性的工作。从目前研究和会议讨论的情况看，对自然资源资产负债表的认识，学者们各有侧重，大致有三点：一部分学者侧重会计核算理论和企业资产负债表，一部分学者侧重统计理论、受 SEEA 的影响要大一点，还有学者注重自然资源资产负债表的应用、强调其服务我国生态文明建设的功能。尽管学者们的研究侧重点和方法不同，但大家一致认为：自然资源资产负债表编制不能局限在会计核算范畴，而应以会计理论、统计理论和经济学理论为支撑，这样才能客观描述并反映经济活动的状态；编表工作应本着先易后难的原则，先行编制统计基础好、容易估价的自然资源品种，再行编制自然资源资产的实物量表。价值量表的编制相对复杂，而且掩盖了一些有价值的经济活动信息，因此还需要进一步研究。对于自然资源负债的认识分歧比较大，这也是理论界和统计部门下一步研究的重点。

参考文献

[1] BP 世界能源统计（2011）[EB/OL]. http://bp.com/statisticalreview.

[2] Breyer S.. Regulation and its Reform [M]. Cambridge Ma: Harvard University Press, 1982.

[3] Clarkson K.W., R.L. Miller. Industrial Organization: Theory, Evidence, and Public Policy [M]. New York: Mc Grawhill Book Company, 1982.

[4] Sharkey W.W.. The Theory of Natural Monopoly [M]. Cambridge Ma: Cambridge University Press, 1982.

[5] United Nations, European Commission, Food and Agriculture Organization, International Monetary Fund, Organization for Economic Cooperation and Development, The World Bank. System of Environmental-Economic Accounting 2012: Central Framework [EB/OL]. http://unstats.un.org/, 2012.

[6] Victor P. A.. Pollution: Economy and Environment [M]. Toronto: University of Toronto Press, 1972.

[7] Leontief W.. Environmental Repercussions and the Economic

Structure: An Input-output Approach [J]. Review of Economics and Statistics, 1970, 52 (3): 262-271.

[8] 史丹,张金昌. 自然资源资产负债表编制:问题与出路 [C]. 中国会计学会环境会计专业委员会 2014 学术年会论文集,2014.

[9] 史丹,王蕾. 能源革命及其对经济发展的作用 [J]. 产业经济研究,2015 (1):1-8.

[10] 史丹,吴仲斌. 支持生态文明建设中央财政转移支付问题研究 [J]. 地方财政研究,2015 (3):74-96.

[11] 史丹,吴仲斌. 土壤污染防治中央财政支出:现状与建议 [J]. 生态经济,2015 (4):121-124.

[12] 史丹,吴仲斌. 美日两国政府在土壤污染治理中的作用及启示 [J]. 中国财政,2014 (18):69-70.

[13] 史丹,何辉. 水资源费征收存在的问题及政策建议 [J]. 经济研究参考,2014 (63):3-7.

[14] 史丹,吴仲斌,杜辉. 国外生态环境补偿财税政策的实践与借鉴 [J]. 经济研究参考,2014 (27):34-38.

[15] 史丹,刘佳骏. 我国海洋能源开发现状与政策建议 [J]. 中国能源,2013 (9):6-11.

[16] 史丹. 经济发展的生态环境质量评价 [R]. 研究报告,2014.

[17] 胡文龙,史丹. 中国自然资源资产负债表框架体系研究 [J]. 中国人口·资源与环境,2015 (8):1-16.

[18] 史丹. 自然资源资产负债表:在遵循国际惯例中体现中国特色 [J]. 中国经济学人,2015 (6).

[19] 张航燕. 对编制自然资源资产负债表的思考——基于

会计核算的角度[J].中国经贸导刊,2014(31):54-56.

[20] 杨世忠,曹梅梅.宏观环境会计核算体系框架构想[J].会计研究,2010(8):9-15.

[21] 耿建新.我国自然资源资产负债表的编制与运用探讨——基于自然资源资产离任审计的角度[J].中国内部审计,2014(9):15-22.

[22] 李扬等.中国国家资产负债表2013——理论、方法与风险评估[M].北京:中国社会科学出版社,2013.

[23] 高敏雪等.综合环境经济核算与计量分析——从国际经验到中国实践[M].北京:经济科学出版社,2012.

[24] 封志明,杨艳昭,李鹏.从自然资源核算到自然资源资产负债表编制[J].中国科学院院刊,2014(7):449-456.

[25] 黄溶冰,赵谦.自然资源核算——从账户到资产负债表:演进与启示[J].财经理论与实践(双月刊),2015(1):74-77.

[26] 国家统计局.中国资产负债表编制方法[M].北京:中国统计出版社,2007.

[27] 曾淑婉.国内外成品油价格形成机制的比较分析[J].经济全球化,2009(8).

[28] 陈亮.发达国家水价制度比较及启示[J].综合管理,2007(5).

[29] 樊明太,郑玉歆,马钢.中国CGE模型:基本结构及有关应用问题(上)[J].数量经济技术经济研究,1998(12).

[30] 何承耕,林忠,陈传明,李晓.自然资源定价主要理论模型探析[J].福建地理,2002(9).

[31] 姜翔程,方乐润.英国水价制度介绍及启示[J].水利

经济，2000（1）.

[32] 李金昌. 资源核算论 [M]. 北京：海洋出版社，1992.

[33] 刘渝. 美、加、英水价政策及启示 [J]. 价格月刊，2010（4）.

[34] 马承祖. 关于自然资源价格构成问题的思考 [J]. 价格月刊，2007（9）.

[35] 毛春梅. 美国的水价制度 [J]. 水利经济，1999（4）.

[36] 宋冬林，汤吉军. 从代际公平分配角度质疑新古典资源定价模式 [J]. 经济科学，2004（6）.

[37] 王舒曼，王玉栋. 自然资源的定价方法研究 [J]. 生态经济，2000（4）.

[38] 谢海燕. 对资源性产品价格的理论分析 [J]. 中国物价，2012（5）.

[39] 谢海燕. 反映环境成本的资源性产品定价机制研究 [J]. 宏观经济管理，2010（7）.

[40] 杨卓羽. 资源性产品价格管理研究 [J]. 发展研究，2011（4）.

[41] 张光文. 关于自然资源价格的形成及体系的探讨 [J]. 现代经济探讨，2001（6）.

[42] 张雅君，杜晓亮，汪慧贞. 国外水价比较研究 [J]. 给水排水，2008（1）.

[43] 张艳芳. 基于 CGE 模型的水资源对地区经济、社会与环境的影响研究 [D]. 中国社会科学院研究生院博士学位论文，2011.

[44] 联合国. 环境经济核算体系（SEEA）2012：中心框架 [M]. 2014.

[45] 高敏雪，刘晓静.环境产业：统计和分析框架[J].中国人民大学学报，2009（2）：55-61.

[46] 李金华.环境综合评价指标系统的构造与运行[J].华侨大学学报（哲学社会科学版），2003（3）：20-25.

[47] 李金华.中国国民经济核算体系的扩展与延伸——来自联合国三大核算体系比较研究的启示[J].经济研究，2009（3）：125-137.

[48] 王金南，於方，曹东.中国绿色经济核算研究报告2004[M].北京：中国环境科学出版社，2006.

[49] 於方.中国环境经济核算技术指南[M].北京：中国环境科学出版社，2009.

[50] 王妹娥，程文琪.自然资源资产负债表探讨[J].现代工业经济和信息化，2014（9）：15-17.

[51] 张友棠，刘帅，卢楠.自然资源资产负债表创建研究[J].财会通讯，2014（4）：6-9.

[52] 中共中央关于全面深化改革若干重大问题的决定辅导读本[M].北京：人民出版社，2013.

[53] 关于印发国家生态文明先行示范区建设方案（试行）的通知，发改环资[2013]2420号.

[54] 朱毛斋.三份资产负债表传递的中国债务信息[J].香港经济导报，2013（2）.

[55] 张芳.农业自然资源价值及核算研究[M].北京：中国农业出版社，2011.

[56] 雷明等.中国资源经济环境绿色核算1992~2002[M].北京：北京大学出版社，2010.

[57] 联合国，欧洲委员会，国际货币基金组织，经济合

作与发展组织等. 综合经济核算 2003［R］. 高敏雪等译.《国民经济核算操作手册译丛》编译委员会，2003.

［58］雷明，李方. 中国绿色社会核算矩阵编制［J］. 经济科学，2006（3）.

［59］徐渤海. 中国环境经济核算体系（CSEEA）研究［D］. 中国社会科学院博士学位论文，2012.

［60］OECD. 环境绩效评估［M］. 北京：中国环境科学出版社，2007.

［61］胡文龙. 自然资源资产负债表基本理论问题探析［J］. 中国经贸导刊，2014（4）：62-64.

［62］许家林，王昌锐. 论环境会计核算中的环境资产确认问题［J］. 会计研究，2006（1）：25-29.

［63］李春瑜. 编制自然资源资产负债表的几个技术问题［N］. 中国会计报，2014-05-09（3）.

［64］马骏，张晓蓉，李治国. 中国国家资产负债表研究［M］. 北京：社会科学文献出版社，2012.

［65］周龙. 资源环境经济综合核算与绿色 GDP 建立［D］. 中国地质大学博士学位论文，2010.

后 记

作为新兴工业国家，我国在长期的经济发展过程中并非没有意识到生态环境保护的重要性，避免走西方国家"先污染、后治理"的老路，也曾被广泛写入各级政府文件，并不时见诸新闻宣传报道。可以说，追求经济社会快速发展，同时防止生态环境恶化，是改革开放以来达成的普遍共识。然而，尽管认识上具有先见之明，但我国在经济快速发展过程中仍然重蹈了"先污染、再治理"的覆辙："五彩河"、"秃顶山"、"雾霾天"在各地大量出现，部分地区甚至成为常态。究其原因，主要在于我国经济快速发展三十多年来，生态文明建设长期滞后于经济社会建设，生态文明体制机制与经济社会体制机制没有协同有序推进，导致了我国自然资源被过度利用、生态环境持续恶化。不难看出，经济发展仅仅具有环保意识是不够的，创新生态文明体制机制，才是破解资源环境约束、促进经济发展方式转变的重要途径。

探索编制自然资源资产负债表，就是新形势下我国生态文明体制机制改革的一项重要任务，它是生态文明建设的一项重要的基础性制度安排。2012年以来，我国在推进生态文明体制机制建设上做出了一系列重大部署：中共十八届三中全会《中共中央关于全面深化改革若干重大问题的决定》提出"大力推进生态文明建设"战略，并首倡提出探索编制自然资源资产负债表；中央全面深化改革小组专门下设了经济体制和生态文明体制改革专项小组；2015年4月，中共中央、国务院进一步提出了《关于加快推进生态文明建设的意见》；2015年9月，中共中央、国务院印发了《生态文明体制改革总体方案》，国家发展和改革委员会等六部委联合下发了《关于印发〈国家生态文明先行示范区建设方案（试行）〉的通知》，环境保护部颁布并实施了《关于印发〈国家生态文明建设试点示范区指标（试行）〉的通知》；2015年9月，国家统计局提出了《编制自然资源资产负债表试点方案》（以下简称《试点方案》）并经中央审议通过；2015年11月，国务院办公厅正式印发了《试点方案》。上述规章制度的制定出台，就是我国在新时期加强生态文明体制机制建设的重要举措。

　　自然资源资产负债表是完善生态文明绩效评价考核和责任追究制度的基础性制度安排，也是我国统筹经济社会发展和资源环境保护的制度性创新工具。通过探索编制自然资源资产负债表，可以推动建立健全科学规范的自然资源统计调查制度，为转变地方经济发展方式、对领导干部实行资源环境离任审计提供基础工具。作为我国生态文明体制改革的一项重要制度安排，探索编制自然资源资产负债表是新形势下开创社会主义生态文明新时代的基本要求。

　　然而，到底什么是自然资源资产负债表？如何编制自然资源资产负债表？自然资源资产负债表如何应用于生态文明绩效评价考核和责任追究？自然资源资产负债表与联合国综合环境经济核算体系（SEEA2012）之间有何关系，有何区别？目前我国探索编制自然资源资产负债表的实践动态如何，面临着哪些问题与挑战？这一系列理论和实践问题，尽管在个别学术期刊上有一些相关的学术论文进行零星研究，但目前尚缺乏系统、全面、深入研究编制自然资源资产负债表的学术文献。不少人在理论认识上心存疑惑，在实践工作中也存在着盲目性、片面性问题，亟须综合反映编制自然资源资产负债表理论与实践的学术专著进行释疑解惑。

为积极响应中共中央、国务院加强生态文明体制机制建设的要求，中国社会科学院工业经济研究所组织成立了重大国情调研项目"生态文明建设绩效考核与自然资源资产负债表编制情况"课题组。课题组负责人为史丹研究员，课题组成员包括杨丹辉、张金昌、白玫、李春瑜、胡文龙、张航燕、张艳芳、王蕾。本书就是课题组前期进行理论研究和实践调研的成果总结，具体分工是：史丹研究员负责全书的整体研究设计和结构安排；第一章由史丹研究员、张金昌研究员、李春瑜副研究员、胡文龙助理研究员撰写；第二章由史丹研究员、胡文龙助理研究员撰写；第三章由李春瑜副研究员撰写；第四章由王蕾助理研究员撰写；第五章由张艳芳助理研究员、杨丹辉研究员、张航燕助理研究员撰写；第六章由王蕾助理研究员、胡文龙助理研究员撰写；第七章由张航燕助理研究员撰写；第八章由胡文龙助理研究员、白玫副研究员撰写；第九章由课题组集体人员撰写（胡文龙助理研究员执笔）；第十章由白玫副研究员、王蕾助理研究员撰写。课题组对编制自然资源资产负债表进行了有益探索，不但汲取了国际环境经济核算的有益经验，而且对一系列编制自然资源资产负债表的重大理论和实践问题进行了专题研究，同时及时总结了我国各地试点编制自然资源资产负债表的实践情况。

　　本书能够付梓，首先要感谢国家统计局的大力支持。感谢许宪春副局长对本课题组的高度关注，并欣然为本书作序；感谢国家统计局国民经济核算司的程子林司长，资产与资源环境核算处的徐雄飞处长、刘晓雪同志，课题组在贵州省、内蒙古自治区的调研活动，可以说是在国家统计局国民经济核算司的直接领导下进行的；感谢内蒙古自治区统计局潘志峰副局长，核算处包健俊处长、梁卫国副处长，以及贵州省统计局核算处李平惠副处长、杨双惠同志，课题组的调研安排、资料收集、成果研讨等很多工作都得益于他们的积极协调和热情帮助，探索编制自然资源资产负债表在实践中的经验总结和面临的问题挑战，很多也都是来源于他们的研究总结和工作体会。当然，书中的观点仅代表课题组的研究发现和理论认同，相应文责由课题组承担。与此同时，也要感谢工业经济研究所科研处张其仔研究员、王楠同志以及本书编辑为书籍出版付出的辛勤劳动。

　　在写作过程中，课题组参阅了大量的参考文献，吸收和引用了同行部分研究成果，在此对这些文献的作者一并表示衷心的感谢。限于时间和能力，本书的不足之处在所难免，诚恳希望读者给予批评指正！

史　丹

中国社会科学院工业经济研究所

2015 年 11 月 18 日